DEIXO-VOS A PAZ

- @editoraquadrante
- @editoraquadrante
- @quadranteeditora
- Quadrante

Título original
La paz os dejo

Copyright © Ediciones Rialp, S.A.

Capa
Gabriela Haeitmann

Dados Internacionais de Catalogação na Publicação (CIP)

Suárez, Federico
Deixo-vos a paz / Federico Suárez — 1ª ed. – São Paulo:
Quadrante Editora, 2024.

ISBN: 978-85-7465-714-1

1. Conduta de vida 2. Fé 3. Felicidade 4. Paz de espírito 5. Realização pessoal 6. Vida cristã I. Título

CDD–248.4

Índices para catálogo sistemático:
1. Paz : Reflexões : Vida cristã : Cristianismo 248.4

Todos os direitos reservados a
QUADRANTE EDITORA
Rua Bernardo da Veiga, 47 - Tel.: 3873-2270
CEP 01252-020 - São Paulo - SP
www.quadrante.com.br / atendimento@quadrante.com.br

FEDERICO SUÁREZ

DEIXO-VOS A PAZ

Tradução
José Pereira

QUADRANTE

Sumário

PREÂMBULO — 7

I. ENCONTRARÁ FÉ SOBRE A TERRA? — 11

II. NEM TODO O QUE ME DIZ — 27

III. DEIXO-VOS A PAZ — 41

IV. TODOS PERECEREIS DO MESMO MODO — 55

V. POR QUE NÃO ENTENDEIS A MINHA LINGUAGEM? — 71

VI. REPARTIDOR ENTRE OS HOMENS — 87

VII. O QUE ENTESOURA PARA SI — 101

VIII. SÃO-TE PERDOADOS OS TEUS PECADOS — 117

IX. COMO ANJOS DE DEUS — 133

X. NÃO SABES ESTAS COISAS? — 149

XI. AQUELE QUE ME CONFESSAR — 163

XII. ROGA POR NÓS — 179

PREÂMBULO

Deus "*quer que todos os homens se salvem e cheguem ao conhecimento da verdade*" (1 Tm 2, 4). Que Deus quer que todos os homens se salvem não parece ser coisa que requeira grandes considerações porque está à vista: para os salvar, o Verbo fez-se carne e habitou entre nós, padeceu, morreu, ressuscitou e fundou a sua Igreja para que os frutos da redenção chegassem a todos os homens até ao final dos séculos. Por este lado não há problema.

O problema está do lado dos homens. Deus quer que todos os homens se salvem, sem dúvida. Mas os homens querem ser salvos? Um exame atento do mundo real que nos circunda e em que estamos metidos parece conduzir, em geral, a uma resposta negativa, sem que por isso tenha de ser necessariamente pessimista. Os homens que hoje se afadigam numa imensidade de negócios não parecem ter grande interesse em sua salvação. Em todo o caso, e a julgar pelo que se pode apreciar, o seu interesse é por uma salvação cuja semelhança com a que nos trouxe o Reino de Deus é puramente casual, admitindo que haja alguma.

Uma salvação pela cruz de Jesus Cristo, um intenso desejo de purificação, de alcançar o perdão dos pecados; uma aspiração à glória sobrenatural e ao gozo da união com Deus por toda a eternidade, francamente, não me parece que seja uma meta pela qual atualmente o indivíduo médio se afane demasiado. Nem sequer me atreveria a afirmar que isto ocupe o primeiro lugar nas preocupações da maioria dos católicos, dos que hoje nós chamamos católicos. A fome no mundo, o subdesenvolvimento dos povos, a libertação econômica ou a conquista do bem-estar são nobres preocupações que pesam muito mais que a fome de Deus, o subdesenvolvimento sobrenatural das almas, a libertação do pecado ou a conquista do Reino dos Céus. Não são, naturalmente, coisas incompatíveis. Mas na escala de valores do mundo atual sobrevalorizaram-se aqueles objetivos e puseram-se de lado — suponho que por pouco práticos — estes últimos.

Parece que houve bastantes homens, sobretudo entre os que falam e escrevem, que consideraram que o Concílio Vaticano II ia ser como uma espécie de panaceia: renovaria a Igreja e em consequência, o mundo seria renovado.

Seja como for, são os jovens os que estão a pagar um preço mais alto por um conjunto de empresas e aventuras que, sob a capa do Concílio e do aggiornamento, se estão a difundir em contradição com o Magistério. Os jovens têm direito a que se lhes deem verdades, e oferecem-lhes dúvidas, pedem soluções, e ensina-se-lhes a problematizar inclusive o que é óbvio; necessitam de doutrina e injetam-lhes teorias. Não se alimenta a sua fé com verdades; fecha-se o horizonte à sua esperança, infunde-se-lhes um vaporoso altruísmo quando as suas almas estão clamando que as encham de amor de Deus, ainda que eles talvez, não saibam. Eles, os que agora estão a chegar aos dezessete ou dezoito anos, mal tiveram a oportunidade de adquirir uma doutrina firme a que agarrar-se no meio do caos que os está desfazendo.

Na sua primeira epístola, São João dizia: "Escrevo-vos, jovens, porque sois fortes, porque a palavra de

*Deus permanece em vós e porque vencestes o maligno"
(1 Jo 2, 14). Como São João, também eu escrevo aos jovens, não porque sejam fortes (a mim parecem-me débeis e desamparados, à mercê deles mesmos, como ovelhas sem pastor); não porque a palavra de Deus permaneça neles, pois o ignoro; nem porque tenham vencido o maligno, que não o sei, mas porque, na verdade, me parece que o necessitam, e porque talvez a simples reflexão sobre o Evangelho lhes ajude a formar o critério certo que tanta falta lhes faz.*

I. ENCONTRARÁ FÉ SOBRE A TERRA?

Se agora, de repente, se produzisse a segunda vinda do Filho de Deus ao mundo, encontraria fé sobre a terra? A pergunta foi formulada pelo Senhor aos discípulos. Vem em São Lucas, 18, 8, e, pelo menos numa simples leitura, é um pouco desconcertante. O capítulo começa com a breve parábola do juiz iníquo, aquele que nem temia a Deus, nem respeitava homem algum, mas que, não obstante, acabou por fazer justiça a uma pobre viúva para se livrar da sua insistência. A seguir, disse Jesus: "E Deus não fará justiça aos seus escolhidos, que lhe estão clamando, de dia e de noite, e tardará em os socorrer? Digo-vos que depressa lhes fará justiça".

Logo a seguir e sem transição, vêm estas palavras: "Mas, quando vier o filho do Homem, julgais vós que encontrará fé sobre a terra?" Este último versículo pode, talvez, conter palavras que Jesus dissera noutra ocasião e que São Lucas pôs na sequência da parábola do juiz iníquo; mas pode, também, ser a conclusão de um ensinamento, precisamente o que dá aquela humilde mulher suplicando justiça uma e outra vez, apesar das negativas ou indiferença do juiz sem nunca se desalentar ou cessar na sua petição. Em todo o caso, nesta altura, a questão é indiferente. Agora quereria considerar apenas esta pergunta do Senhor, porque me parece que, dado o panorama que hoje apresenta o mundo, a questão é importante.

Não devo ocultar-vos que este versículo de São Lucas, sem chegar a ser obsessão, ressoa com frequência na mente dos que se preocupam com a salvação dos homens, sobretudo em determinadas circunstâncias, circunstâncias do gênero das que agora vemos dar-se com demasiada frequência. O que me parece mais importante, o que incita mais à reflexão, é que essa pergunta fosse feita precisamente por Jesus. Ditas estas palavras por qualquer outra pessoa, talvez pudessem, no melhor dos casos, e apenas para alguém dedicado às hipóteses teóricas, construir o objeto de uma digressão intelectual ou jogo da inteligência. Mas ditas por quem as disse, têm de ser tomadas muito a sério, porque a palavra de Deus não se presta a qualquer jogo.

O Senhor não era dado a hipóteses, nem à colocação de problemas. Na realidade tinha vindo resolvê-los, e toda a sua pregação é clara, segura, definida, no sentido de que não há nela vacilações, dúvidas ou incertezas. Sabia o que dizia, e também por que o sabia. Como diria São Paulo depois, nele não havia sim e não; era um sim rotundo e permanente. Quando muito, falava em parábolas, e por vezes não era entendido. Também hoje não é, não porque não seja claro e concreto, mas pela pequenez — por vezes, mesmo, pela obscuridade — da nossa própria inteligência. Isto o fez ver de um modo patente a Nicodemos, e Nicodemos era um homem inteligente e instruído, doutor da lei. É certo que há alguma coisa por detrás dessas palavras do Senhor: sempre há esse algo em tudo o que disse, porque Ele não dizia superficialidades.

"Mas, quando vier o Filho do homem, julgais que encontrará fé sobre a terra?" Bem, lançai uma olhadela à vossa volta e respondei vós mesmos. Ao fim e ao cabo, um cristão é um discípulo de Cristo, e o Senhor fez a pergunta aos seus discípulos.

Mas talvez para responder de um modo sensato, e não por intuição, haveria que formular uma pergunta prévia: que entendia Jesus por fé? A que fé se referia?

Creio que ninguém melhor que Ele para esclarecer esta questão preliminar. Uma vez restituiu a vista a um cego de nascença, o que, naturalmente, provocou agitação entre os fariseus; uma agitação seguida de interrogatórios ao antigo cego, que, por fim foi expulso da sinagoga. Jesus, então, fez-se encontrado com ele e disse-lhe: "Tu acreditas no Filho de Deus?" Ele respondeu: "Quem é, Senhor, para eu crer nele?" Jesus disse-lhe: "Tu o vês, é aquele mesmo que fala contigo." Então ele disse: "Creio, Senhor." (Jo 9, 35--37). Esta é a fé a que Jesus se refere: acreditar que é o Filho de Deus. Se alguém acredita que Jesus é o Filho de Deus, então crê nele; e se crê nele então também o crê a Ele. A fé, pois, consiste, em primeiro lugar, em crer em alguém; depois, crer a alguém, e por último, crer em alguma coisa.

Talvez não seja demais citar umas palavras de Thomas Merton sobre a fé (nestes tempos em que tanto conta o que se "sente"), porque pode esclarecer algumas ideias erróneas:

Antes de mais, não é uma emoção, não é um sentimento. Não é um cego impulso subconsciente para algo vagamente sobrenatural. Não é simplesmente uma necessidade elementar do espírito do homem. Não é o sentimento da existência de Deus. Não é a convicção de estar salvo ou "justificado" sem qualquer razão especial, a não ser a de que alguém assim o sente. Não é algo inteiramente interior e subjetivo, sem referência a nenhum motivo externo. Não é algo que suba borbulhando das profundidades da alma e te encha de um indefinível 'sentimento' de que tudo está muito bem. Não é algo tão puramente teu que o seu conteúdo seja incomunicável. Não é um mito pessoal teu que não possas partilhar com ninguém e cuja validade objetiva não interessa para ti, nem para Deus, nem para ninguém.

Mas também não é uma opinião. Não é uma convicção fundada na análise racional. Não é o resultado de uma prova científica. Só podes crer o que não sabes; logo que o sabes, já não o crês; pelo menos, não do mesmo modo como o sabes.

Assim é porque a fé é um Dom sobrenatural, uma iluminação da inteligência, que percebe o que sem essa luz jamais teria podido perceber, porquanto se trata de coisas que estão acima da sua capacidade natural. Mas uma luz que, ao ser possuída pelo homem, ilumina também o que sem ela pode ser conhecido pela simples razão.

Ora bem: não me parece que os tempos que estamos vivendo possam ser qualificados como uma época de fé. Seria mais fácil — e provavelmente mais exato — qualificá-los como tempo de credulidade, e inclusive de superstição. E não me parece que haja exagero nisso, porque o ceticismo e o agnosticismo não são atitudes propriamente humanas quando se pretende que sejam atitudes radicais. Com efeito, na realidade não existe o perfeito cético ou o agnóstico perfeito. Não há um único homem que duvide absolutamente de tudo ou que não acredite absolutamente em coisa nenhuma.

Não sei se muitos de vós tereis lido Chesterton (na verdade, tenho a impressão de que não é autor familiar à juventude atual). Uma das muitas narrações que protagoniza o pe. Brown apresenta o caso do desaparecimento de um homem de um quarto fechado, num andar alto, onde não entrou ninguém e do qual era impossível sair sem ser visto, e, apesar disso, aparece enforcado pouco depois num parque próximo da casa. Três materialistas, depois de tentarem todas as explicações possíveis, acabam por se convencer de que isso se devesse à intervenção de algum poder espiritual, e quem sabe sobrenatural, e, na verdade, tudo isso tinha uma explicação natural e até simples. Diz o pe. Brown, depois de ter resolvido o caso: "Todos vocês juraram que eram materialistas empedernidos, e apesar disso inclinaram-se a crer em qualquer coisa. Há milhares de pessoas que hoje em dia se encontram na mesma posição que vocês, mas numa margem muito estreita e incômoda para se sentarem. Não acharão repouso até que acreditem em alguma coisa."

Este é o caso, parece-me. E assim compreendo que, quando um homem — ou uma época — não tem fé no sobrenatural, acabam sendo crédulos ou supersticiosos. Não acreditarão em Cristo, mas acreditarão em qualquer coisa sem a menor garantia, ou no poder que sobre o destino do homem e os acontecimentos humanos têm os astros, os objetos ou as fórmulas, coisas em que também não há garantia alguma.

Julgo que sois observadores. Não tendes reparado como, à vossa volta, à medida que a fé decresce ou enfraquece, as pessoas são propensas a acreditar em qualquer coisa? Refiro-me, claro está, aos que ainda conservam um resto de profundidade, porque os superficiais, aqueles que se limitam a viver quase sem roçar as coisas (ainda que mais que viver, vegetam), estão tão acolchoados pela própria comodidade e egoísmo que antes parecem coisas. Tipos assim veem-se constantemente no cinema e nos romances, e obviamente no teatro. E existem também, infelizmente em excesso, entre os católicos. Mas quando existe um ponto na alma que ainda está sensível, quando ainda não se desiste inteiramente de chegar ao fundo da questão, então a coisa varia. A pessoa tem de agarrar-se a algo com todas as forças para não se sentir vazio.

Impressionou-me, há algum tempo (depois da revolta da Universidade de Nanterre), ver uma fotografia que talvez tenhais visto, de um conhecido filósofo,[1] já quase um velho, vendendo *L'idiote* pelas ruas de Paris, com gesto pueril de menino zangado porque a polícia o não detinha. Não o levavam a sério. Um homem que não acredita em nada (exceto, talvez, nas suas próprias teorias), mas que, porventura por isso mesmo, se agarra a uma *causa* com todo o ardor de um náufrago, se lhe tiram isto, que lhe fica?

---

[1] Trata-se do filósofo Jean Paul Sartre. [N. T.]

1. ENCONTRARÁ FÉ SOBRE A TERRA?

Muitos não acreditam hoje em Jesus Cristo, Filho de Deus vivo, mas acreditam na ciência, na psicanálise, na democracia, na sociologia, na alienação, na economia, na eficácia da droga para encontrarem a si próprios ou para comungarem com o universo, na moral de situação. Acredita-se em assombrosas e incríveis teorias para demonstrar (?) que os milagres do Evangelho são símbolos (não fatos); que a virgindade é antinatural; que os dogmas que a Igreja definiu não são válidos para este tempo, estas circunstâncias e a mentalidade destes homens que vivem agora. Há pessoas que não têm fé em Cristo, mas acreditam em todas estas (e noutras) coisas.

E a superstição? É certamente notável — e também muito sintomático — o contrassenso que se detecta a seu propósito, por pouco a que se atente. Por um lado, o esforçado empenho em "desmitificar" os mistérios, e ao mesmo tempo a proliferação dos astrólogos, videntes e lançadoras de sortes de cartas. Causa espanto (pelo menos a mim causou) ler no *L'Express* que em Paris há mais de mil astrólogos recenseados (noutra publicação li um número várias vezes superior) e cerca de cinquenta mil salas de consulta de pitonisas, adivinhadoras e quiromantes em toda a França; na Itália, doze mil praticantes de ciências ocultas organizaram-se em um sindicato; um astrólogo alemão é consultor de importantes empresas sobre a seleção de pessoal; uma astróloga inglesa tem como clientes uma centena de firmas, nacionais e estrangeiras. Referindo-se aos jovens que recorrem ao seu consultório, dizia um astrólogo americano: "Esses homens buscam a Deus, e têm medo do caos atual que reina no mundo." Sessenta por cento dos franceses segue com regularidade a seção de astrologia dos jornais. E em toda a parte se observa o mesmo, inclusive em Portugal. Podeis verificá-lo folheando os jornais ou parando um momento nas bancas.

Sabeis, sem dúvida, que fé é crer pelo testemunho de outro. Devo dizer-vos que, falando em termos absolutos, todos, até os ateus, os céticos, os marxistas, os cientistas ou os técnicos, vivem de fé. Não de uma fé sobrenatural, mas de uma fé humana. Ninguém pode demonstrar que Deus não existe, mas um ateu acredita. Se pensais nas coisas que sabeis, não por experiência, conclusão lógica ou evidência, mas porque outros as disseram, ficareis surpreendidos ao verificar que a maior parte das coisas em que tendes segurança as sabeis por fé. Se sabeis alguma coisa de Napoleão ou de Sócrates é pelo testemunho de outros; se admitis a existência dos genes nos cromossomos (e a existência dos cromossomos, é claro) é porque alguém vo-lo disse e lhe destes crédito. Se os marxistas se aferram aos dogmas da luta de classes como motor necessário da história, ou da sociedade sem classes como estágio final (final por quê? Acabará o mundo então?) da humanidade, ou se acreditam no princípio de que o trabalho "faz" o homem, é por uma fé humana (que sequer é científica) na palavra de Marx, mas não porque tais afirmações estejam demonstradas "cientificamente".

Pelo contrário, são improváveis — quer dizer, indemonstráveis. Como se vai demonstrar o mito da sociedade sem classes, e o estágio final e tudo o mais? A maior parte dos que sabem que o sangue circula pelo organismo sempre à mesma temperatura, sabem-no por pura fé. Quantos o verificaram pessoalmente?

Ora, será porventura mais fácil acreditar nestas coisas do que em Jesus Cristo, Deus e homem verdadeiro, Filho unigênito do Pai? A julgar pelo que se vê, parece que sim. Mas não vos admireis demasiado.

Jesus não foi um idealista, nem um sonhador. Pelo contrário, deu tantas provas de que tinha os pés firmemente assentes no chão, que duvido que tenha havido alguém tão realista como Ele. Isto pode ser observado em inúmeras passagens e ocasiões, e à medida que nos vamos metendo mais no Evangelho, este realismo de Jesus aparece cada vez mais patente. Não, Ele não era um sonhador e um idealista. Sonhadores e idealistas eram, por exemplo, os fariseus, que imaginaram um messias terreno que ia converter um minúsculo povo — Israel — numa grande nação no topo do mundo, ditando as suas leis a todos os outros povos (não eleitos) que viveriam como seus pupilos, e ainda por cima esperavam que a realidade se moldasse à sua imaginação.

Há no capítulo 5 de São João uma frase, uma afirmação de Jesus, que mostra até que ponto conhecia os seus concidadãos e até que ponto não tinha demasiadas ilusões a seu respeito: "Eu vim em nome de meu Pai, e vós não me recebeis; se vier outro em seu próprio nome, recebê-lo-eis" (Jo 5, 43). Ao que parece, Jesus estava muito longe de pensar que a sua doutrina — que propriamente não era só sua, já que Ele mesmo tinha afirmado que só dizia o que tinha ouvido a seu Pai — se ia impor às inteligências pela sua bondade intrínseca, pelo simples fato de ser uma manifestação da verdade.

Mais ainda: sabia — e assim o disse — que outros viriam com menos garantias de verdade, com menos provas da sua missão de ensinar, e as suas palavras encontrariam melhor acolhimento da nossa parte.

Ora, eu perguntaria: a quem se refere esse ente que se denomina "o homem de hoje"? Reparai na proliferação de grupos, seitas, pseudorreligiões, movimentos heterogêneos das mais variadas espécies, desde esses grupos ocasionais dos que em Woodstock ou na ilha de Wight se extasiam ouvindo música "pop", sentindo-se por uns dias vagamente solidários numa espécie de comunidade indefinida, até aos solitários, ou quase solitários, que desenraizados de uma civilização que os esmaga e cujo sentido não veem em parte alguma, vão para a Índia ou o Nepal, a encontrar-se a si mesmos numa cura de silêncio e de solidão. Observai esse impulso de evadir-se de uma civilização tecnológica e materializada, e de agarrar-se como náufragos a qualquer doutrina esotérica que lhes devolva o sentido do mistério, uma pequena amostra de algo que tenha alma, que não se possa pesar nem medir, nem sirva para nada "prático"; algo que lhes fale do além e, ao menos, lhes dê um pouco de horizonte e de esperança. O yoga, o budismo, o Zen, até o vodu, e a magia (branca ou negra), e a blasfêmia de *Viridianæ Teorema*, e o demoníaco de *The devils*. Para suprir o vazio que deixa a fé em Cristo rejeitada, aceitam tudo, até o demoníaco que se apressa a cobrir o vazio que deixa a expulsão de Deus, de um Deus que se fez homem para salvar os homens.

Mas vós não estais neste caso. Foi-vos concedido o Dom da fé com o Batismo. E que fizestes com ele?

Diz a Epístola aos Hebreus: "sem fé é impossível agradar a Deus". Parece-me muito provável que hoje esta afirmação tão rotunda escandalize a uns e a outros, aos que invocam a boa-fé para acreditar naquilo que desejam e evitar qualquer tipo de renúncias pela conquista do Reino dos Céus, e aos que entregaram a sua alma à edificação de um paraíso terreno e estão resolvidos até a apagar o nome de Jesus Cristo. E no entanto, sem fé é impossível agradar a Deus. Julgai por vós mesmos: Deus, por amor aos homens, humilhou-se até fazer-se homem. Como sabeis muito bem (se a persistente campanha de descristianização a todos os níveis não vos lavou já o cérebro), o Verbo fez-se carne nas entranhas da Virgem Maria, e nasceu em Belém de Judá, e viveu entre nós, padeceu sob Pôncio Pilatos, foi crucificado, morreu, ressuscitou, mostrou-se ressuscitado, e vive na unidade do Pai e do Espírito Santo. E tudo isto para nos revelar o que a humanidade, cega como uma toupeira, desorientada e dando solavancos, era incapaz de ver. Como vai ser possível agradar-lhe se, depois de ter sofrido todas estas tribulações, o reduzimos ao modesto papel de um pobre homem de elevados sentimentos altruístas que discorria sem nexo cada vez que dizia que era Filho de Deus, o próprio Deus? Um homem de boa vontade, nem melhor, nem pior, que Buda, Confúcio ou Sócrates, também boas pessoas.

Não o melhoraram grande coisa os rapazes de *Jesus Cristo Superstar*, nem sequer essa *Jesus Revolution* em voga na América do Norte. A representação teatral converteu, com toda a boa vontade que se quiser (mas com muito pouca fidelidade), a Jesus Cristo numa estrela, quase em concorrência com os velhos mitos de Hollywood, numa espécie de *Super-Homem* vagamente religioso, os outros, numa espécie de líder capaz de arrastar sentimentalmente alguns grupos de jovens, nenhum dos quais sabe exatamente quem Ele é, e que concorre com todos os mitos pseudorreligiosos desta época.

Hoje abundam os inventores de interpretações. Proliferam os novos mestres solícitos do bem-estar dos homens, repletos de grandes ideias em benefício da humanidade, fabricantes de soluções e generosos doadores de conselhos. Com mais segurança nas suas próprias teorias que na palavra de Deus, propõem adaptações e remédios, comprovam análises sociológicas, descansam nas estatísticas, fatigam-se elaborando rebuscados inquéritos (perguntas com resposta paga), teorizam sobre a sorte do cristianismo, desmitificam a religião, dessacralizam o santo, trivializam o mistério, pontificam sobre o moral e o imoral, decidem sobre o que é pecado e o que é um simples tabu. Afirmações ambíguas (e com frequência pedantes) que soam, à primeira vista, como profundas e quase evidentes — "a palavra de Deus não pode ser captada por nenhuma palavra que a expresse" —, refrões fáceis de assimilar que se aceitam e repetem e difundem com tanto entusiasmo e ligeireza: processo de secularização, autonomia do mundo, maturidade da humanidade, interpretação secular do cristianismo etc.

Os "pensadores" que hoje estão em voga, para não serem mais que ensaístas que escrevem sobre as ideias em moda, parece que fazem demasiado barulho. Agitam as ideias na cabeça como um barman os licores num copo de coquetel, esperando talvez que da mistura surja alguma resposta a essas perguntas de que ninguém pode evadir-se se mantém a inteligência lúcida: que sentido tem o mundo e o homem? Que há depois da morte? O resultado é, apenas, aumentar o caos, fatigar os que realmente pensam e impedir-lhes a reflexão. Também nos meus tempos de estudante acontecia o mesmo, mas agora há já tempo que aqueles homens e aquelas ideias ficaram esquecidos. Não diziam verdades, apenas engenhosas opiniões que por breve tempo pareciam algo, e depois não eram nada.

Não. A fé não é uma evasão. Esta é uma palavra muito sedutora para todos aqueles que gostam de teorizar e é sabido que não têm lugar as teorias onde o conhecimento é seguro. A evasão está sempre no abandono do real para se submergir no sonho do fictício. Não há "alienação" na fé, mas há nas teorias fabricadas à medida dos nossos desejos. Aí tendes recentemente um cientista, Prêmio Nobel, que recorre ao acaso (!) para explicar o universo. Ao acaso, não a Deus. Antes o absurdo que ter de admitir um Deus criador.

Ora bem: trata-se da salvação dos homens. Uma brilhante e engenhosa pirueta intelectual pode ser um sustentáculo suficiente, se bem que momentâneo, para furtar-se a um problema com o qual nos queremos enfrentar, um modo airoso de enganar-se a si próprio, mas um modo indubitavelmente hipócrita, porque não resolve nada e todos o sabem. Para outros, uma pirueta, por muito intelectual que seja, não basta. Necessitam de algo mais do que engenho, necessitam de uma fé.

E então aferram-se, com um dogmatismo cerrado que não admite exame, a sistemas, a ideologias, inclusive a fórmulas, estereotipadas como anúncios de televisão, que recitam com o olhar brilhante e o ar decidido de rapazinhos bem preparados que repetem de cor as palavras de uma lição. Estes necessitam de acreditar em alguma coisa, porque sem fé não há esperança. E o que é a vida de um homem sem esperança? Apenas um beco sem saída.

Assim, uma enorme e estrondosa gritaria de ideias banais, de episódicas trivialidades que se apresentam como "os grandes problemas do nosso tempo" durante os escassos meses que demoram a ser desbancados, substituídos e esquecidos, aturde as mentes dos homens, que se anestesiam no espesso caos provocado por uma multidão vociferante de falsos profetas que falam em nome próprio.

"Se digo a verdade, por que não me credes?", dizia Jesus aos fariseus. Isso mesmo vos pergunto eu (mas não porque vos considere uns fariseus, naturalmente); se diz a verdade, porque não acreditais nele? Claro que vós, postos a converter todos os assuntos num puro jogo dialético, podeis perguntar: e como sei que diz a verdade?

É, sem dúvida, uma boa pergunta. Mas sois suficientemente honestos para a fazer igualmente a respeito daqueles em quem acreditais e por quem vos deixais orientar?

Como sabeis vós que Marx, Hegel, Mao ou qualquer dos outros teóricos menos em voga, ou os pequenos e anônimos professores que pomposamente contradizem a revelação de Cristo, baseados em teorias socioeconômicas tão convencionais como fugazes, ou os que repetem, em artigos que aparecem em revistas ilustradas ou ensaios superficiais conceitos convencionais com palavras convencionais só para iniciados; como sabeis vós que esses dizem a verdade?

Quanto a Jesus Cristo, posso-vos dizer porque sei que disse a verdade: porque ressuscitou de entre os mortos. E como, sob o ponto de vista histórico (ou devo dizer "científico"?), isto é mais certo do que, por exemplo, a existência de Sócrates ou qualquer outro ponto da história antiga, é uma boa base para acreditar em Cristo. Isto é o que os apologistas chamavam "motivo de credibilidade". Ora bem: desafio-vos a que me mostreis um ponto de apoio tão firme que me leve a prestar crédito às teorias de alguns dos que se chamam a si mesmos "teólogos", católicos adultos ou homens da humanidade amadurecida. Ou, postos a isso, a prestar crédito às afirmações dogmáticas dos mestres que profetizam paraísos utópicos, ou normas e critérios de vida opostos ao Evangelho. Pessoalmente, quase me considero insultado ao ver como os grandes fabricantes de sistemas redentores da humanidade me exigem uma fé irracional na sua palavra, sem me darem, por outro lado, a menor garantia pela qual me persuadam de que devo acreditá-los.

O fato é este: postos a crer (já que nenhuma das suas afirmações é evidente por si, à pobre, mas maravilhosa, razão humana) no que diz Jesus Cristo, que veio e falou em nome de seu Pai, e o que dizem todos os que vieram e falaram em nome próprio, o "mundo de hoje", e talvez vós, ou alguns de vós, parecem crer não em Jesus Cristo que veio em nome de seu Pai, mas nos outros que vieram em seu próprio nome.

 E sendo isto assim (o que, por outro lado, prova até que ponto disse a verdade), eu pergunto, e gostaria que também vós vos perguntásseis, que é que fazemos e que é o que estamos dispostos a fazer os que nos chamamos discípulos de Cristo para, como os primeiros cristãos, dar testemunho com as nossas vidas de que Jesus é o Filho de Deus. Porque, como eles, talvez também nós possamos, com a sua ajuda, levar a alegria da esperança a um mundo que a perdeu.

II. NEM TODO O QUE ME DIZ

É muito provável que alguma vez tenhais lido nos jornais esse tipo de entrevista que se faz, de vez em quando, a personagens famosos, em que lhes perguntam coisas do gênero: "Se se declarasse um incêndio na sua biblioteca e só pudesse salvar um livro, qual escolheria?", e nas quais, por pouco que reparemos, se costuma encontrar sempre algum pormenor pitoresco.

Alguma vez, e como mera divagação e perda de tempo, ocorreu-me pensar o que é que eu selecionaria dos Evangelhos se apenas me fosse permitido salvar dois ou três versículos. Claro está que não encontrei a resposta. Não saberia com o que ficar.

No entanto, se a questão se apresentasse de maneira diferente, talvez então não fosse tão difícil. Se se especificasse, por exemplo, que havia que escolher um texto breve e claro que permitisse aos homens, e para sempre, saber a que ater-se em relação ao bem e ao mal, algum parágrafo que lhes pudesse servir de norma de conduta, de modo que pudessem guiar-se por ele e agir com retidão, então creio que me decidiria por umas linhas do Evangelho de São Mateus, na parte final do Sermão da Montanha, que dizem assim:

> Nem todo o que me diz: "Senhor, Senhor", entrará no Reino dos Céus, mas só o que faz a vontade de meu Pai, que está nos céus. Muitos me dirão naquele dia:

> "Senhor, Senhor, não profetizamos em teu nome, e em teu nome expulsamos os demônios, e em teu nome fizemos muitos milagres?" Então eu lhes direi bem alto: "Nunca vos conheci! Apartai-vos de mim, vós que praticais a iniquidade!" (Mt 7, 21-23).

Suponho que conheceis este texto, pelo menos no seu começo, pois a frase "Nem todo o que diz: 'Senhor, Senhor'..." utiliza-se com frequência — ainda que sem passar daí —, quase como um refrão. Mas é preciso considerar todo o texto para compreender por que, em minha opinião, tem tão grande valor prático que, ele só, seria suficiente para ordenar a vida de qualquer pessoa.

Observareis que a passagem transcrita é a revelação de uma verdade seguida de um exemplo que ajuda a gravar bem na mente e no coração o ensinamento que contém. A revelação é esta: o que permite o acesso ao Reino dos Céus é o cumprimento da vontade do Pai, de modo que não basta dizer, é preciso fazer. Não quer dizer que rezar esteja mal, mas que só isso não é suficiente: é preciso fazer, e não qualquer coisa, mas precisamente a vontade do nosso Pai que está no céu, a vontade de Deus.

O exemplo deste ensinamento está na segunda parte do texto. Jesus refere-se à hora da verdade, ao momento do juízo, segundo parece, ao qual chegam alguns homens, pedindo passagem franca para o reino de Deus pelas coisas que fizeram. E que coisas! Profetizar, fazer milagres, expulsar demônios, e tudo isso não de qualquer modo, mas em nome de Jesus. E aqui vem o que é de notar: quando era de esperar que as portas se abrissem de par em par perante homens com ações tão qualificadas, eis que não se abrem, e ainda por cima Deus não os conhece e chama-lhes obreiros da iniquidade.

Creio que, como acontece com frequência no Evangelho ante determinadas frases ou atitudes de Jesus, a reação natural ante esta sentença é de espanto. Porque será possível pensar em alguma ação mais excelente do que, por exemplo, expulsar demônios em nome de Jesus e libertar um homem da possessão diabólica? E a profecia e o milagre feitos em seu nome não são porventura os mais cabais sinais do apoio divino? Então, por que os desconhece Deus e lhes chama *obreiros da iniquidade*, como se tivessem feito pecados em vez de ações excelentes em nome de Deus? Que coisas melhores do que estas se podem fazer?

Claro está que há uma explicação, mas para a encontrar deveis considerar que, com este exemplo, Jesus estava a ilustrar o ensinamento que acabava de dar. Ele costumava proceder assim com frequência. Recordareis que, quando os discípulos lhe rogaram que os ensinasse a rezar, lhes respondeu com o Pai Nosso, mas a seguir prosseguiu com o exemplo do amigo que vai à casa do vizinho a uma hora inoportuna a pedir-lhe três pães, e com o do filho que pede pão a seu pai, e tudo o que se segue; e não me seria difícil referir-vos outros casos.

O que o Senhor tentava fazer ver é que a vontade de Deus é tão importante que do seu cumprimento depende a entrada no céu. E o que me parece a mim que indica com o esclarecimento que faz relativo "àquele dia" é este: que uma pessoa pode fazer coisas estupendas e maravilhosas, mas se o que Deus queria dele é que em vez disso fizesse algo diferente, ainda que fosse muito mais ordinário e menos aparatoso, esse homem perdeu o tempo e o esforço, e, além disso, fez mal. Fez mal porque, posto a escolher entre a vontade de Deus e a sua, escolheu esta última e a antepôs à vontade de Deus, o que praticamente quer dizer que não só não cooperou na realização dos planos de Deus, como a sua petulância o levou a contrariá-los. Na realidade, fez o que pôde para que não se realizassem.

Creio que será fácil fazer-vo-lo ver com clareza, se acompanhais o meu raciocínio uns momentos. Imaginai um empregado bancário que, nas horas de trabalho, em vez de executar a tarefa que tinha atribuída, gastasse o tempo a pintar paisagens, ou escrevendo poemas. Evidentemente a pintura e a poesia são atividades, segundo a opinião geral, mais nobres e elevadas que copiar números em colunas intermináveis para que fiquem registados. Contudo, não parece que tal empregado fosse receber um prêmio do diretor do banco por não fazer aquilo para que estavam a pagar-lhe.

Jogar tênis não é mau, não há dúvidas; é mesmo um bom exercício físico, muito recomendado e até talvez seja muito útil ao país, porque se admite que, quantos mais o praticarem, mais probabilidades há de que surjam alguns especialmente hábeis que passeiem com glória o nome da pátria por Forest Hill ou Wimbledon, e quem sabe até na Taça Davis. Mas ainda sendo o tênis algo tão inocente, se alguém se dedica a praticá-lo quando devia estar nas aulas (seja professor ou aluno), ou no escritório, ou no talho, então parece que não está a fazer algo de realmente bom. Eu diria antes que está a fazer algo de mau, porque evidentemente não faz o que deve fazer e, pelo contrário, faz o que não deve fazer.

Noutro aspecto, é clássico o caso (suponho que fictício, particularmente nos nossos dias) que antes se costumava apresentar nos sermões, da mulher que, por devoção, ouvia duas ou três missas, rezava as suas novenas e demais atos piedosos e, entretanto, deixava o marido sem café da manhã, os filhos sem lavar nem vestir e a casa de pernas para o ar. Esta mulher — concluía-se, a modo de consequência — agia muito mal, ainda que as coisas que fazia eram, em si, excelentes. E agia mal porque o que Deus queria dela era, em primeiro lugar, que cumprisse com os deveres próprios do seu estado e condição, sem que os sacrificasse aos seus gostos espirituais. Tão evidente é tudo isto que um dito popular o resumiu na simples frase de "primeiro a obrigação, depois a devoção".

Ora bem: se estais atentos, vereis que, em resumo, o que o Evangelho vem dizer é que a porta que dá acesso ao Reino dos Céus é a obediência, pois só o que faz a vontade de Deus, quer dizer, só o que lhe obedece, entra.

Suponho que, dada a escassa estima de que goza a obediência nestes tempos tão dados a encher a boca com sonoras e solenes palavras tais como "liberdade", "direitos", "autodeterminação", e outras não menos valiosas, a reação quase instintiva, em particular da gente jovem — que, em geral, é a que menos sabe —, é a de perguntar o porquê. Não, claro está, o por que obedecer a Deus (que isto, me parece, até o menos inteligente atinge, por pouco que pense), mas por que têm de obedecer à Igreja, ou aos seus pais, ou às autoridades civis. E parece-me que uma resposta geral do gênero de que é preciso obedecer porque são os canais através dos quais nos chega a vontade de Deus, embora geralmente verdadeira, receio que para muitos de vós seria insuficiente. Hoje existe uma certa propensão, neste ponto, para não engolir demasiadas coisas a não ser que nos convençam. Não costuma admitir-se, como antes, o que habitualmente se chamava "testemunho de autoridade".

Isto, sem dúvida, é um fato evidente para todos, e um fato experimental para muitos pais. O que, no entanto, não quer dizer que seja verdade que os jovens de hoje não admitem o testemunho de autoridade, porque na realidade o admitem, pelo menos os que mais sobressaem. Põe muitas reservas à autoridade da Igreja, ou à dos pais, mas nenhuma à dos pequenos líderes que pululam pelas universidades, à dos fabricantes de slogans, à dos numerosos charlatães que propagam a nova moral do sexo, embora creio que em parte isso seja uma consequência da massificação.

No entanto, e apesar de tudo, o certo e seguro é que ou se faz a vontade de Deus, ou não há salvação, entre outras razões, porque "Deus quer que todos os homens se salvem e venham ao conhecimento da verdade", em palavras de São Paulo a Timóteo, e para isso é preciso conhecer a Jesus Cristo e obedecer-lhe. A vontade de Deus é a salvação dos homens, feitos a partir do nada à sua imagem e semelhança. Pela salvação dos homens, o Filho de Deus fez-se homem e morreu na cruz, e ao ressuscitar de entre os mortos deu testemunho da ressurreição da carne e fundou a nossa esperança. E para que os homens soubessem como podiam ser salvos, deu os Mandamentos, expressão da lei natural, porque sabia até que ponto o homem necessita de ser ajudado. Imaginais o trabalho de cada um se tivesse que pensar por si mesmo até descobrir essas verdades elementares? Quantos pensais que o conseguiriam?

Talvez por isso, no momento de abandonar a terra, disse aos discípulos: "Ide, pois, ensinai todas as gentes, batizando-as em nome do Pai e do Filho, e do Espírito Santo, ensinando-as a observar todas as coisas que vos mande!" (Mt 28, 19-20). A Igreja é quem nos transmite a vontade de Deus em tudo o que se refere à salvação, e nós temos de obedecer às suas indicações porque, também no que diz respeito à fé e aos costumes, é ela quem nos ensina a observar o que Ele mandou.

Creio que seria bom que abandonásseis, aqueles que a tenhais, a ideia de que a Igreja ordena coisas arbitrárias e só porque assim o quer. Referir-me-ei a uma delas, que, a julgar pela minha experiência, é bastante comum hoje entre os jovens. Quando um rapaz se coloca a pergunta de por que tem de ser uma obrigação ouvir missa aos Domingos, quando a ele lhe convém mais, ou lhe dá mais devoção, ou simplesmente lhe apetece ouvi-la em qualquer outro dia ou não a ouvir, além de demonstrar que não se fia muito da Igreja, dá a conhecer que neste ponto não foi instruído minimamente. Há um mandamento, o terceiro, que manda santificar as festas. Tão a sério o mandou Deus que estabeleceu uma minuciosa série de prescrições para ensinar como se devia santificar o sábado. Mas ao terminar a Antiga Lei e começar com Jesus Cristo a Nova Aliança, os cristãos, já nos tempos apostólicos (isto é, em vida dos Apóstolos), começaram a celebrar o "dia do Senhor". O dia do Senhor era o Domingo, pois foi no Domingo que ressuscitou o Senhor; e dedicavam o dia do Senhor a celebrar os mistérios, orando, assistindo ao sacrifício da missa e recebendo o Corpo do Senhor na Eucaristia. Com o tempo, a Igreja sancionou este costume, de modo que mandou que os cristãos santificassem os Domingos e Festas ouvindo a missa inteira e abstendo-se de trabalhos servis (esta última medida, além disso, com a intenção de favorecer os servos e conseguir-lhes um mínimo de descanso).

Compreendereis que ouvir a missa num dia qualquer é coisa boa, mas não santificais nenhuma festa, pela simples razão de que não há festa para santificar; e se não a ouvis ao Domingo ou dia de preceito desobedecestes gravemente a um mandamento explícito de Deus, que queria que santificásseis aquele dia, e, além disso, através da Igreja, vos disse como haveis de santificá-lo, porque a Igreja, por disposição de Jesus Cristo, é quem tem de ensinar como devemos observar o que Ele nos mandou. Creio que não é difícil entender isto.

É possível que penseis que a obediência aos pais não é tão evidente. O quarto mandamento diz *honrar pai e mãe*, não *obedecer ao* pai e à mãe. É verdade, e já uma vez me referi a isso, de modo que não vou repeti-lo agora.[1] Contudo, e na medida em que se depende deles, há

---

[1] Cf. Federico Suárez, *A Virgem Nossa Senhora*, São Paulo, Quadrante, 2021, pp. 163 ss. [N. T.]

muitas coisas em que se lhes deve obedecer. Claro que (em minha opinião) há pais a quem seria preciso educar neste aspecto. Imaginai, por exemplo, um homem que tivesse querido ser médico, e que as circunstâncias da vida lhe impediram; este homem, cuja grande ambição era ser médico, quer vê-la realizada no seu filho. Pensa, erroneamente, que o melhor para ele próprio tem que ser também o melhor para seu filho, que quer ser filólogo e carece de qualquer inclinação para ser médico. Bom, pois aí tendes o modo de desgraçar uma vida com a melhor boa vontade, mas também arbitrariamente, sem respeito pela liberdade do filho e contra a vontade de Deus, que não o dotou com condições para a medicina. Quando se dão ordens onde só se deviam dar conselhos e orientações, os resultados podem ser contraproducentes, e por vezes irreparáveis.

Mas não sei se hoje há muitos desses casos. Inclino-me para crer que, mais do que por autoritarismo, os pais pecam hoje por falta de autoridade. A geração jovem não respeita muito a experiência dos mais velhos, e obviamente carece de inclinação para se deixar aconselhar por eles. Rejeitou, isso é evidente, os convencionalismos, mas não os substituiu por princípios, antes por impulsos. E no entanto, e apesar de tudo, subsiste a obrigação imposta pelo quarto mandamento, que inclui em grande medida a obrigação de obedecer aos pais enquanto se dependa deles. Por sua vez, os pais têm a obrigação de educar os filhos, o que implica muitas vezes mandar o que devem fazer (porque eles não o sabem) ou proibir o que não devem fazer (ainda que lhes agrade fazê-lo). É suficiente ser intelectualmente honesto para se dar conta disso. Quando um rapaz que mal está a sair da adolescência reclama autonomia para entrar e sair de casa, e fazer o que a sua liberdade lhe sugerir, sem qualquer limitação de horário, ocupação ou obediência aos pais, quando quer ser tratado como um homem, mas não trabalha como um homem, nem ganha o que come como um homem, nem responde pelos seus atos como um homem, então, mais do que desenvolver uma personalidade definida, é provável que nunca na sua vida seja mais do que um menino caprichoso e mimado que cresceu demasiado depressa e converteu o seu capricho em lei. A educação, o fazer-se homem, requer obedecer: aprendizagem, criação de hábitos, domínio, porque não há educação sem disciplina. Recusar a obediência para não ficar "marginalizado" equivale, com muita frequência, a ser dominado pelos convencionalismos correntes. E no final correm, efetivamente o risco de ficar marginalizados por serem inúteis ou insuportáveis.

Mas não vou seguir este caminho. Simplesmente vos recordarei, pois sois cristãos católicos, umas palavras de São Paulo: "Filhos, obedecei a vossos pais, porque isto é agradável ao Senhor. Pais, não provoqueis à indignação os vossos filhos..." (Cl 3, 20-21). E também estas: "Todos estejam sujeitos às autoridades superiores, porque não há autoridade que não venha de Deus, e as que existem, foram instituídas por Deus. Aquele, pois, que resiste à autoridade, resiste às ordens de Deus. E os que resistem, atraem sobre si a condenação" (Rm 13, 1-2). Com isto quero simplesmente fazer-vos ver que não podeis esperar em cada caso que Deus vos envie um anjo com uma mensagem em que vos manifeste qual é a sua vontade. Para averiguar a vontade de Deus, um cristão necessita ter fé na revelação, mas também usar o bom senso, discorrer um pouco e ser suficientemente honesto para fazer jogo limpo em lugar de se autoconvencer de que o que é bom é aquilo que se deseja fazer, e que todo o que não o aprove é injusto, arbitrário e despótico.

Uma desobediência, fruto da soberba (esta costuma estar sempre na origem das desobediências), deu entrada num mundo, que Deus por sua vez fez bom, a dor e a guerra, o sofrimento e a doença, a discórdia e o ódio, o egoísmo e a morte. Um ato de obediência redimiu-nos a todos e tornou-nos possível a salvação, restaurando a ordem da criação, ferida pelo pecado. Porque sem obediência não há ordem, e sem ordem só há caos. Santo Agostinho, que além de ser muito inteligente passou alguns anos a experimentar as consequências de uma vida pouco ordenada, teve uma afirmação não só profunda, mas verdadeira e verificável pela experiência: "guarda a ordem e a ordem te guardará". A ordem guarda-se obedecendo a uma regra, e a regra suprema pela qual tudo o que é bom é bom — para cada um, para os outros e para o Universo —, é a vontade de Deus, até ao ponto de que uma ação boa em si, mas oposta à vontade de Deus, se torna má e de efeitos desastrosos. Isto foi o que se nos ensinou com aqueles fazedores de milagres a quem Deus chamou "obreiros da iniquidade".

Podeis ter a certeza absoluta, infinitamente mais certos do que se seguis o vosso próprio pensamento (ou o de outros que vos arrastam como se vos levassem com uma arreata), de que, obedecendo a quem Deus pôs sobre vós com obrigação de mandar, obedecendo naquilo que lhes corresponde, não só andareis pisando um terreno tão firme como a terra, como realmente estareis agradando a Deus. Um homem que não obedece está à mercê de si próprio. Deus o ajude, porque pode estar certo de que faz a sua vontade, mas não de que faz o que Deus quer. E não é o cumprimento da sua própria vontade o que o vai salvar.

Contudo, ainda podeis fazer uma pergunta para procurar escapar: e se os que mandam se enganam? Eu poderia responder-vos usando uma esperteza saloia, com outras duas: e como sabeis que se enganam? E se não se enganam? Mas responder-vos-ei de outra maneira. Se os que têm obrigação de mandar se enganam, isso é coisa sua, não vossa. Eles ter-se-ão enganado ao mandar (afinal, os homens não são infalíveis e podem enganar-se), mas vós não vos tereis enganado ao obedecer. Eles terão de responder diante de Deus pelo seu erro, se são culpáveis por ligeireza, interesse ou petulância. Mas se o que for mandado não é pecado — quer dizer, algo que objetivamente se oponha à lei de Deus, conhecida como nos é proposta e ensinada pela Igreja —; se o que mandam não é um dano para si próprio ou para os outros, então vós *sabereis* que não vos enganais ao obedecer, ainda que vos *pareça* que eles, ao mandarem, tomaram uma decisão errada.

Imagino que tudo isto que vos venho dizendo deve soar escandalosamente aos ouvidos sensíveis de alguns de vós, dos jovens, quero eu dizer, e especialmente aos delicadíssimos ouvidos dos homens do nosso tempo. Delicadíssimos para certas coisas, claro. A palavra "obediência" parece hoje, em certos setores, uma palavra maldita, mas, apesar de tudo, a mim agrada-me, e também a vós deveria agradar se conservais ainda algo pelo qual se vos possa chamar — com propriedade — cristãos. E essa palavra deve agradar-nos, a vós e a mim, porque se Jesus Cristo (o Filho de Deus) "se fez obediente por nós até a morte, e morte de cruz", creio que o mínimo que podemos fazer é esforçar-nos também por obedecer, sobretudo tendo em conta que Cristo não nos pede tanto como isso. Ele declarou que o seu alimento era fazer a vontade do que o tinha enviado. Tudo o que o Evangelho diz dos trinta primeiros anos da sua vida é que "era-lhes submisso", obedecendo a duas criaturas, Maria e José, infinitamente inferiores e muito menos inteligentes. Quando chegou o momento mais amargo da sua vida, às portas da sua Paixão, e a sua humanidade se rebelava ante sofrimentos e humilhações que o esperavam, sendo inocente, tudo o que fez foi submeter-se aos desígnios de seu Pai: "Não se faça a minha vontade, mas a tua." Pois Ele sabia que o melhor, o mais conveniente (inclusive para nós) é sempre o que é vontade de Deus. E cada vez que o penso, deixa-me aniquilado este fato: Ele acatou uma sentença injusta, dada injustamente, porque a tinha pronunciado um tribunal legítimo e era vontade do Pai que obedecesse a uma autoridade legitimamente constituída. E o fez livremente.

Bem, pois Ele, que fez de todos os momentos da sua vida um ato de obediência ao Pai, é quem nos recorda que temos de fazer a sua vontade. Não, obviamente, como escravos, nem sequer como assalariados que fazem uma permuta de trabalho por recompensa. A recompensa, neste caso, não é o objetivo da obediência, é apenas uma consequência. Se obedecer é, em palavras de São Josemaria Escrivá, "requietação, e espero que também o farão a vós, se é que as considerais devagar e olhais para vós. Porque, em última análise o que faz que alguém seja realmente o que professa ser é a coerência entre a fé que declara e as obras que faz. E, segundo parece, ninguém tem o direito de chamar-se discípulo de Cristo a não ser que esteja empenhado em obedecer e cumprir os seus mandamentos. Pelo menos foi isso que Ele disse explicitamente — 'Porque me chamais *Senhor, Senhor*, e não fazeis o que vos digo?' (Lc 6, 46) — e o que São Justino escreveu ao imperador, sem dúvida para que se evitassem confusões.

Em resumo: podemos fazer o que nos agrade, e se isso está de acordo com o que Deus queria que fizéssemos, magnífico; se não, teremos perdido esterilmente o tempo, ainda que tenhamos feito prodígios.

III. DEIXO-VOS A PAZ

Terá havido poucas épocas na história, se alguma houve, em que se tenha feito tanto uso da palavra "paz" como a nossa, a que estamos a viver. Pelo visto, se nos atemos às notícias dos jornais, os homens de hoje anelam-na como um tesouro.

Se dois países estão em guerra, muitos mais falam de paz, o que não impede, não obstante, que vendam armas aos contendores para que continuem a fazer guerra. Todos os discursos medianamente importantes tratam da paz. Celebram-se conferências e reuniões, redigem-se memorandos, fazem-se planos, apresentam-se projetos que são estudados, examinados e discutidos antes de chegar a um adiamento *sine die* que permita amadurecê-los melhor. Os membros das delegações, os seus secretários, consultores, especialistas e auxiliares falam, discutem, fazem propostas e contrapropostas; e trocam-se notas, e ao fim de meses ou anos chegam a alguma conclusão suficientemente vaga para ser aceita por todos. Outras vezes não o conseguem e devem procurar novos adiamentos.

E as guerras continuam, continuam apesar de tudo, não importa a razão invocada para isso. Sempre há um motivo, e sempre o que há no fundo costuma ser mais complexo — e menos conhecido — do que o aparece à superfície, à vista de todos. Hoje os governos já nem sequer põem a questão que tanto fez pensar com sutileza os teólogos do século XVI: a de quando uma guerra é justa. Tais disquisições não interessam agora.

Depois da derradeira guerra mundial criou-se uma organização — outra — supranacional, onde os Estados pudessem dirimir pacificamente as suas diferenças como cavalheiros inteligentes e civilizados, todos transbordando ideais altruístas e com uma fé ilimitada na boa vontade da humanidade.

Um organismo dotado de enorme autoridade moral (assim se esperava), pois, que país voluntariamente integrado nela, conhecendo os seus nobres fins, recusaria pôr em prática as suas determinações? Mas as guerras prosseguiram, por vezes mesmo entre os membros que integram este alto organismo para a paz e o bom entendimento entre as nações.

Como se fora pouco, dentro de cada país e em não poucas nações, o seu estado habitual também não tem nada a ver com a paz. Não é que haja guerra, o que realmente se entende por guerra, mas antes falta de paz. Luta de raças, luta de classes, luta entre ideologias, luta de partidos. Terrorismo, guerrilhas, sequestros, atentados, motins, conflitos, insegurança, violência. Ódios, ressentimentos, acusações, recriminações.

"Paz, paz, dizem. E não há paz." Que acontece ao mundo? Que acontece aos homens que estamos a viver nesta época? Não se escreveu, não se está repetindo continuamente, com uma euforia mal contida, que a humanidade alcançou a sua maturidade? Um mundo que parece em guerra civil, uns contra os outros; um mundo onde nas grandes cidades é cada vez maior a insegurança; um mundo no qual as condições de vida

III. DEIXO-VOS A PAZ

(chamam-lhe civilização) tornam os homens mais irritáveis e menos amigos, será essa a expressão da maturidade da humanidade?

Receio que, uma vez mais, os grandes teóricos tenham errado o diagnóstico. Que o homem vá à lua, construa cérebros eletrônicos, invente armas de uma precisão inexcedível e de um poder destruidor terrífico, não é motivo suficiente para que se desvaneça num narcisismo ridículo, sobretudo quando o olhar pousa noutros aspectos da vida que não são exatamente para nos orgulharmos da nossa inteligência ou das nossas realizações.

É evidente que no mundo não há paz. Mas porventura há paz nos homens, em cada homem? Esses homens crispados, com os nervos tensos como as cordas de uma viola, que se deslocam constantemente de um lado para o outro, em veículos cada vez mais rápidos... esses homens que, à força de se deslocarem, não sabem estar já nem sequer em sua própria casa, são homens que têm paz? Ou será que estão a fugir constantemente de si próprios porque nem sequer se suportam? Essas cidades cheias de fumaça, de ruído e de asfalto, com o seu tráfego intenso e filas intermináveis de automóveis estacionados; com grandes edifícios que parecem colmeias, e ruas sem alegria que se estendem monstruosamente em subúrbios e arrabaldes ao longo de quilômetros; essas cidades que conseguiram ter centenas de milhares de habitantes e nenhum verdadeiro vizinho, serão um enquadramento onde a paz seja possível aos homens?

Os homens procuram a paz, os países desejam a paz. E fazem bem, porque sem paz, sem um mínimo de paz, a vida não vale a pena ser vivida. Mas que espécie de paz se deseja? Que paz se procura? Que paz é essa de que tanto se fala e sobre a qual tanto se escreve? A paz dos mortos? A paz dos anestesiados? A simples ausência de qualquer conflito bélico? A paz fisiológica do homem satisfeito depois de uma boa digestão? Ou porventura a paz de Cristo? Na verdade não estou muito certo de que esta expressão diga alguma coisa a muitos dos nossos contemporâneos (incluídos os católicos), e quase me atreveria a afirmar que não diz absolutamente nada aos organismos internacionais ou aos que se reúnem para negociar a paz. Por vezes parece um frase feita. Outras, algo de irreal que não pode dar-se neste mundo real em que estamos a viver, como se fosse uma espécie de sonho tão desejável como impossível de alcançar. A maior parte das vezes é apenas uma coisa que soa bem e parece piedosa.

E, contudo, não deve ser assim; não deve ser assim porque Jesus disse: "Deixo-vos a paz, dou-vos a minha paz", e não o disse referindo-se ao futuro, mas como um dom presente, como uma herança que se deixa à nossa disposição. E se Ele o disse é porque é uma realidade, independentemente de que a cada um lhe diga alguma coisa ou não lhe diga nada.

Qual é a atitude dos homens de hoje perante a paz de Cristo? Isto é importante, porque ao falar da paz de Cristo se está a mencionar a única paz que tem entidade real, a única que merece verdadeiramente esse nome, e em comparação com ela todas as outras são, a maior parte das vezes, paródias ou simulacros.

Há anos Thomas Merton escreveu umas frases muito duras acercada atitude dos homens de hoje perante a paz:

III. DEIXO-VOS A PAZ

> Se realmente os homens quisessem a paz, pedi-la-iam a Deus, e Ele lha daria. Mas por que há de Ele dar ao mundo a paz que este não deseja realmente? Pois a paz que o mundo parece desejar não é realmente, de modo algum, a paz. Para alguns, a paz significa simplesmente tranquilidade para explorar outros sem medo de represálias ou de ingerências. Para outros, a paz significa liberdade para se roubarem mutuamente sem interrupção. Para certos homens, significa via livre para devorar os bens da terra sem se ver obrigado a interromper os seus prazeres para alimentar os que têm fome. E para quase toda a gente a paz significa simplesmente ausência de toda a violência física que possa arrojar sombras sobre as suas vidas dedicadas à satisfação do seu apetite animal de comodidades e de prazeres.

Merton, salta à vista, não confiava demasiado na capacidade dos seus contemporâneos para uma paz autêntica, e obviamente não pode classificar-se entre os românticos. Contudo, creio, não obstante, que se aproximava muito mais da realidade, e inclusive se tornava mais inteligível ao homem de hoje que Saint-Exupéry quando escrevia: "Deste modo meditei longamente no sentido da paz. Vem dos recém-nascidos, das colheitas conseguidas, da casa, por fim, em ordem. Vem da eternidade, onde penetram as coisas conseguidas. Paz de quintas cuidadas, de ovelhas que dormem, de bragal dobrado; paz da exclusiva perfeição; paz do que se transforma em presente de Deus, uma vez bem-feito".

Pensais, porventura, que é esta a ideia que tem o mundo da paz? Não me parece. É um quadro demasiado bucólico para o homem de empresa, ou o trabalhador de uma fábrica; demasiado "burguês", suponho, para os reformadores de estruturas, para todos aqueles a quem a sua inquietação interior obriga a moverem-se, a aturdirem-se, a entontecerem-se, para não terem de suportar um tédio que não os deixa viver, ou para dar saída a todos os seus ressentimentos e frustrações. Demasiado aborrecido, sem dúvida, para o apressado cidadão médio de qualquer parte; demasiado pobre para o homem do campo, da pequena aldeia, que emigra para a cidade à procura de um melhor porvir, ou talvez apenas de um presente mais cômodo. E só viria à cabeça de um louco mencionar uma paz que vem dos recém-nascidos num mundo que se esforça por impedir que nasçam à custa de anticonceptivos e de abortos.

Que é a paz? Onde há que procurá-la? Penso que, se não há paz no mundo, talvez se deva a que não a estamos a procurar no lugar devido, que nos estamos enganando sempre que a procuramos onde ela não está; cada vez que a fazemos depender de circunstâncias alheias a nós mesmos. A paz de Cristo, a que Ele nos deixou, não parece ser objeto da busca dos homens. Mas se lhes escapa esta paz, porque não a procuram (provavelmente nem a conhecem), e a outra não a podem alcançar, que resta, afinal, aos homens?

Se os homens quisessem mesmo a paz, certamente fariam algo por a conseguir, averiguando, talvez, em primeiro lugar, qual é a causa da guerra. Pois porventura será possível que não haja guerras mantendo intactas as causas que as desencadeiam? E que é, na realidade, o que há na raiz de toda a guerra?

A guerra, em certo sentido, e enquanto mal, é uma invenção do homem, não de Deus. Quero dizer que a guerra é só uma consequência do pecado. Antes de Adão pecar, tudo estava ordenado para caminhar com perfeição: nem dor nem doença, nem engano nem traição, nem cólera ou estupidez, nem violência, guerra ou morte. O pecado original fez de um homem são, equilibrado, sensato, razoável e generoso um homem tarado, egoísta, soberbo, mesquinho e cruel; e, a partir daí, um equilíbrio instável e difícil ia converter a vida do homem numa luta sem quartel entre tendências contrapostas. Essa é a paradoxal condição humana, em que é possível, inclusive no mesmo indivíduo, atos heroicos e ações abjetas, generosidade e mesquinhez, amor e ódio. Tudo, enfim. E isso é assim porque o pecado não pode ser suficientemente poderoso para desfazer a imagem de Deus que é o homem, mas apenas para sujá-la, deformá-la, debilitá-la; pôde assim ferir a sua alma, mas não aniquilá-la; obscurecer-lhe a inteligência, mas não destruí-la; dar entrada ao ódio, mas não eliminar a capacidade de amar; perturbar a vontade, mas não até ao ponto de impedir a retificação. Ora bem: mesmo sendo isto assim, na prática sucede que um homem, com semelhante tara na sua natureza, tende a comportar-se segundo o pendor da sua inclinação, e a sua inclinação *natural* (isto é, da sua natureza ferida pelo pecado) tende para o mal.

Não. O homem, a partir de Adão, não é bom por natureza. Compreendo que para os ilustrados do século XVIII fosse um achado genial a hipocrisia de lançar sobre a sociedade a causa da maldade dos homens; o homem é bom, foi a sociedade que o fez mau. Contrariamente ao que possa parecer, esta ideia tão antiquada soa a nova descoberta para uma parte dos jovens atuais, e talvez também para alguns sociólogos, psicólogos e psiquiatras. São as estruturas, que estão mal feitas, a causa de que tudo — inclusive a paz — ande mal.

E os novos mestres pregam a violência para implantar novas estruturas que tornem a guerra impossível, e os novos poetas musicais, como novos jograis, falam de ir com as suas violas contra a guerra (que ideia, meu Deus!), e novas "religiões" fomentam a objeção de consciência, virtuoso processo de acabar com as guerras logo que todos os homens de todos os povos e de todas as raças adaptem e mantenham, ao mesmo tempo, a mesma atitude. Multiplicam-se os atos simbólicos, as manifestações pacíficas (que, no entanto, nem sempre são inteiramente pacíficas) e os artigos nos suplementos dominicais dos jornais a cargo de nomes conhecidos e, por via de regra, já um pouco ultrapassados.

Tudo inútil. Desde que o mundo é mundo que houve guerras, porque desde que o mundo é mundo houve pecado. A história da humanidade é uma cadeia tão perseverante de conflitos bélicos que até explicá-los nas aulas é um aborrecimento mortal, e não apenas para o aluno. É sempre a mesma coisa, e ainda que eventualmente se altere o matiz das causas imediatas, e os incidentes específicos variem de uma para as outras, o fundo de todas elas permanece invariável. A injustiça, a ambição, o orgulho, a cobiça, o egoísmo são os desencadeadores das guerras, a carga que explode quando se acende o fulminante. E quando no final de cada guerra se concerta a paz (embora, por vezes, entre o final da guerra e a assinatura da paz decorra um montão de anos), esta faz-se de tal modo que quase sempre leva em si o gérmen da próxima guerra: novos rancores, novos medos, novas *révanches*.

Assim é o mundo, e assim continuará a ser. Não me parece que, a este respeito, Jesus tivesse muitas ilusões; Ele sabia que o pecado permaneceria no mundo, e, com o pecado, as suas consequências, entre as quais a guerra. E no entanto, no meio deste panorama, Ele deu a paz aos seus discípulos, Ele lhes deixou a sua paz. Não a paz do mundo, ou o que o mundo entende por paz, mas algo mais estável e seguro, algo que não depende dos caprichos ou das iras dos outros, algo que não está à mercê de uma equipe de governantes ou de um partido político no poder, da cobiça de homens ansiosos de enriquecer ainda mais, do fanatismo dos propagandistas de ideologias ou dos profissionais das revoluções "por uma ordem nova". Algo que nem sequer a dor, o sofrimento ou a contrariedade podem destruir, porque o fundamento sobre o qual descansa essa paz está fora do seu alcance.

A paz de Cristo, a que ele deu aos seus discípulos (a que dá aos que creem nele), é a consequência da graça santificante, como a guerra é a consequência do pecado. Podeis estar convencidos de que não é para todos, embora pudesse sê-lo. Não, a sua paz é só para os homens de boa vontade, e o que careça de boa vontade nem pode sonhar em tê-la.

Os marxistas demonstraram ser muito espertos ao verem na religião, na fé do homem em Cristo, com tudo o que isso implica, o mais tremendo obstáculo à sua utopia. *Tirai Deus ao homem, destruí a sua esperança na consecução de uma felicidade eterna, e que lhe fica?* Só uma luta de morte para arrebanhar o que possa do grande festim do mundo. Marx soube o que fazia quando explicitamente pregou não a paz, mas a guerra e a revolução violenta como meio de acelerar o curso fatalista (assim decidiu que fosse) da história. Depois de nos tirar Deus, dá-nos a violência, e como compensação nos pede que acreditemos firmemente no paraíso terreno que virá inexoravelmente.

A sociedade neocapitalista, por seu lado, também não é tonta. Também quer fazer felizes os homens, e em nome do bem-estar planifica os nascimentos e, sem declarar guerra à vida, legaliza o aborto voluntário. Depois, com talante virtuoso e ar de carpideira, condena a violência e lamenta os horrores das guerras.

Mas todos, marxistas e neocapitalistas, falam de paz, falam constantemente de manter a paz, de trabalhar para a paz. Dizei-me, é isto boa vontade no mundo, entre os homens? Olhai à vossa volta, lançai uma vista de olhos aos jornais. Vede-vos, sobretudo, na intimidade das vossas consciências, tendes paz na vossa alma? Ninguém dá o que não tem. Uns homens que sequer são capazes de manter em paz as suas almas, vão ser os que darão paz ao mundo? Tenho a impressão de que os homens de hoje não *desejam realmente* a paz, quando muito a ausência de conflitos. Parece que estão mais dispostos a conseguir a paz exterior — essa a que se referia Merton — do que a paz interior — a que Saint-Exupéry tentava descrever. E também, que estão mais bem dispostos para uma violência exterior com os outros (ainda que seja guerra) do que para uma violência interior consigo mesmos, único caminho, esse, por onde poderiam achar de verdade a paz. O único, porque o pecado, origem da guerra, da violência e da inimizade, só pode vencer-se pela guerra contra o próprio eu. A paz não a conseguem nunca os pacifistas, mas os pacíficos. "Bem-aventurados os pacíficos, porque serão chamados filhos de Deus!" E o nosso Deus é um Deus de paz.

A paz, repito, não é para todos, porque só é acessível aos homens de boa vontade, porque é patrimônio apenas dos que a conquistam lutando contra o seu egoísmo, contra as sujas tendências que todos temos dentro e que nos forçam a satisfazê-las a todo o custo. Nem todos se empenham nesta espécie de luta. "Nunca poderei ter verdadeira alegria se não tiver paz. E o que é a paz? A paz é algo de muito relacionado com a guerra. A paz é consequência da vitória. A paz exige de mim uma contínua luta. Sem luta, não poderei ter paz" (*Caminho*, 308).

Vós lutais? Não me refiro ao tipo de luta armada entre estados, nem à luta de ruas das guerrilhas urbanas ou comandos revolucionários ou antirrevolucionários, nem à mais modesta luta de pintar nos edifícios letreiros com vivas e morras assinados com siglas, para deixar constância do próprio protesto ou entusiasmo, e, de passagem, incomodar um pouco o próximo. Refiro-me a algo bastante mais difícil: ir cortando as cabeças dessa monstruosa hidra que é o egoísmo, combatendo a sensualidade e a impureza, a mentira e a hipocrisia, a cobiça e o capricho, a soberba e o orgulho néscio por triviais e ridículas questões de vaidade; a murmuração, o aburguesamento e tudo mais.

Todo o assunto está em ter boa vontade. E todo o assunto falha, porque não há boa vontade. Não há vontade desde o momento em que não estamos dispostos a deixar de fazer a guerra a Deus com os nossos pecados. E se não temos boa vontade com Deus, que nos deu a vida, que se fez homem e padeceu e morreu para nos redimir do pecado e da morte, e tudo isto simplesmente porque nos ama (diz São João: "Ele amou-nos primeiro". Pensastes alguma vez nisto?); se não temos boa vontade com Deus, então como vamos tê-la com os outros, e sob que pretexto?

Quando alguém não tem boa vontade com Deus, não tem paz. Um homem que admite o pecado na sua alma deu entrada ao ódio e fez-se escravo do demônio (entre parêntesis: o demônio existe e é real). A inquietação e o desassossego aninharam-se na sua alma, instalaram-se no mais profundo do seu ser. Esse homem está em guerra com Deus e consigo mesmo, e não é fácil que possa ajudar à paz do mundo, nem sequer à paz dos que o rodeiam. Crer que se vai acabar com a doença, combatendo os seus efeitos e deixando intactas as causas que a produzem, é coisa tonta e quase ridícula. Crer que à força de discursos sobre a paz e de canções de protesto contra a guerra se vai mudar o mundo porque se vão mudar os homens parece-me excessiva credulidade. Na verdade, se alguém o crê assim, admiro-me que homens tão espertos como se julga que são os de agora usem a sua inteligência a enganarem-se a si mesmos de uma maneira tão elementar.

A paz de Cristo, a que Ele nos deu, não parece agradar muito ao homem contemporâneo, nem sequer aos que se chamam (são-no?) católicos; esse mundo que crucificou Cristo rejeita também a sua paz: é um gênero de paz que não lhe interessa, porque obriga esforços, impõe privações (mas só do que é nocivo, ainda que pareça agradável) e exige uma luta contínua.

O homem de hoje (quero dizer, o da sociedade de consumo, da concorrência, do nível de vida, dos clubes noturnos, dos computadores, da contaminação atmosférica, da contaminação moral, da ONU, da Unesco, da FAO, da OMS etc.) está tão ocupado em tantíssimas questões, tão sumamente importantes, que não tem tempo, nem sossego, nem vontade de averiguar sequer se isso da paz de Cristo é algo mais do que uma simples frase que, de vez em quando, diz o Papa em algum discurso.

Já vedes como são as coisas: eu desejo-a para vós, porque sois jovens, e a alegria é (digo mal: deveria ser) patrimônio vosso e ela não é possível sem paz interior. Vi rir muitos de vós... mas a alguns só com a boca, não com os olhos. Nuns olhos havia tristeza, como nos vencidos; noutros inquietação, como se não se sentissem à vontade; ou dureza e ressentimento, como se o mundo lhes devesse algo que estão dispostos a receber, seja como for; noutros, perdoai-me, o olhar não era limpo, mas sujo e apagado. Noutros, não sei, porque nunca os vi olhar de frente.

Não vos enganeis, não queirais enganar-vos, como esses meninos pequenos que tapam os olhos, voltados para a parede, e dizem: "não estou".

Nem a paz dos mortos, nem a dos anestesiados, nem a dos inconscientes (quer dizer, a dos que não têm consciência), nem a dos embrutecidos, é paz. Nada disso traz a alegria ao homem, a alegria verdadeira, não o seu arremedo artificial.

Hoje os jovens mostram-se muito partidários da paz, e ainda que em geral se chamem a si próprios pacifistas, não me atreveria a afirmar que todos sejam pacíficos. Para ser pacífico, para criar a paz à volta de cada um, para fazer mais sossegado e amável o ambiente que nos rodeia, é necessário que o nosso próprio interior esteja sossegado e que algo do amor que Deus tem por nós nidifique na nossa alma. E isto, para quem não esteja em luta constante contra o pecado é tão impossível como derrotar com canções e violas a um exército em pé de guerra e bem armado. Suprimi o pecado no mundo e tereis suprimido a guerra. Mas num mundo em pecado e em guerra, a paz de Cristo é possível em cada um; e se há um caminho pelo qual a violência — mesmo a violência sem ódio, inclusive a guerra — pode chegar a desaparecer, é o de que cada um combata em si mesmo a raiz de toda a violência e de toda a guerra.

IV. TODOS PERECEREIS DO MESMO MODO

Quando se leem estas palavras ou se enunciam assim secamente, a reação imediata é de irritação. Soam de tal modo que, instintivamente, repugnam e até predispõem contra. Sabem a ameaça, e de entrada evocam de maneira tão precisa as ideias de *intolerância*, *negatividade* e cerrado rigorismo que, mais do que desejo de saber a que obedecem, parecem despertar um vivo impulso de bater com a porta e negar-se a continuar a escutar e a ler. Recordam os velhos tempos, quando se esgrimiam argumentos tais como a condenação, o inferno, o pavoroso juízo que inexoravelmente se segue à morte, a estremecedora eternidade, todas essas coisas que muitos consideram ultrapassadas (não são, talvez, ideias "ecumênicas" ou "positivas"), mas que, apesar de tudo, continuam a ser absolutamente certas e reais ainda quando não suportemos ouvir falar delas e rejeitemos até o seu pensamento como um atentado à dignidade humana.

Foi Jesus Cristo, no entanto, quem disse as palavras que vão ser objeto desta reflexão e como tal constam no Evangelho. Não, evidentemente, de um modo tão áspero como estão enunciadas aqui. É muito perigoso citar uma frase isolada do seu contexto, sobretudo se tem um caráter rotundo, porque então dá lugar, a maior parte das vezes, a que se entenda mal. Não só se pode desfigurar o seu tom, como também desvirtuar o seu sentido.

A frase está em uma passagem de São Lucas (13, 1-5), e faz parte da doutrina que Jesus deu em certa ocasião aos seus discípulos, com base num acontecimento recente que lhe contaram:

> Neste mesmo tempo chegaram alguns a dar-lhe a notícia de certos galileus, cujo sangue Pilatos misturara com o dos sacrifícios deles. Jesus respondeu-lhes: "vós julgais que aqueles galileus eram maiores pecadores que todos os outros galileus, por terem padecido tanto? Não, eu vo-lo digo; mas se não fizerdes penitência, todos perecereis do mesmo modo. Assim como também aqueles dezoito homens, sobre os quais caiu a torre de Siloé, e os matou. Julgais que eles também foram mais culpados que todos os outros habitantes de Jerusalém? Não, Eu vo-lo digo; mas se não fizerdes penitência, todos perecereis do mesmo modo."

Vós mesmos podeis apreciar, sem grande esforço, que as palavras são as mesmas, o conteúdo, o mesmo também, mas o contexto tira-lhes esse tom de aspereza, de secura mal-humorada, que parece ter a frase separada do seu lugar próprio. Jesus não estava ameaçando, mas apenas a avisar. Era uma chamada de atenção, a indicação de um fato que se produziria com toda a certeza se eles não o evitavam, fazendo a única coisa que poderia impedi-lo.

Obviamente, não se pode dizer que estas palavras constituam um ensinamento cômodo. Não se pode classificar esta sentença de Jesus entre as que instintivamente acolhemos com alegria e consolação, como a do filho pródigo ou a de Madalena, por exemplo. Pertence antes ao tipo de ensinamentos que Jesus se esforçou por inculcar-nos e que tendem a mostrar que, sendo a salvação, a glória eterna, uma coisa muito séria, é preciso trabalhar duramente para a conseguir, porque exige muito mais do que bons sentimentos ou uma ou outra boa ação feita de vez em quando ao longo de toda a vida. Não é como se fôssemos *escoteiros* que realizam a sua boa ação diária e vão dormir satisfeitos por terem cumprido o que manda o regulamento. É algo mais sério que tudo isso.

"Se não fizerdes penitência, todos perecereis do mesmo modo." Quer isto dizer que a penitência é necessária para a salvação, para não perecer definitivamente? A verdade é que se não quer dizer isso, não vejo de que outro modo possam ser entendidas tais palavras. É indubitável que Jesus não se referia à morte física, posto que todos, com penitência ou sem ela, havemos de morrer de uma ou de outra maneira. Mas se se referiu à morte eterna, então tem de se concluir que não há salvação sem penitência.

Não estranharia nada que em face desta conclusão houvesse entre vós quem reagisse quase com irritação, como os que se vissem obrigados a cumprir uma condição tão desnecessária como caprichosa, tão incómoda como arbitrária. Mas quem experimente esta reação, saiba que deve reagir, porque a sua ignorância das verdades elementares mostra que foi apanhado pela propaganda da sociedade de consumo até o ponto de estar à beira de abandonar a fé; uma fé, por outro lado, cujo conteúdo se desvaneceu na sua mente.

Efetivamente, as palavras do Evangelho têm de soar estranhamente aos ouvidos dos que genericamente costumam ser chamados "os homens de hoje". Não tem sentido o conceito de penitência quando a fé foi manipulada para comodidade do consumidor. Penitência refere-se a pecado, a uma ofensa feita a Deus que exige ser reparada. Mas, que reparação é possível quando se nega que haja tal ofensa? Quando a realidade de Deus se cifra num vago deísmo, ou quando se substitui a noção de pecado pessoal pela de pecados sociais, que diluem a responsabilidade até a anular, que pode significar a penitência? Já não é mais do que uma palavra oca, carente de sentido.

A primeira condição para que o homem comece a perceber que a penitência não só tem um sentido, mas que, além disso, é necessária, é o reconhecimento da sua condição de pecador. Todo homem é um pecador, quer dizer, alguém que está em dívida com Deus. Isto não é uma afirmação feita com ligeireza. Vede o que diz São João: "Se pretendemos não ter pecado, enganamo-nos, e não há verdade em nós. Porém, se confessamos os nossos pecados, Deus é fiel e justo para no-los perdoar e para nos purificar de toda a iniquidade. Se pretendemos não ter pecado, fazemo-lo mentiroso, e a sua palavra não está em nós" (1 Jo 1, 8-10). Assim, a penitência converte-se numa questão de justiça: um devedor está obrigado a pagar a sua dívida. Encontramo-nos aqui com a primeira dificuldade para entender que a penitência é necessária, porque a mentalidade geral do nosso tempo, mais influenciada e enformada por teorias humanas do que pelas verdades da Revelação que nos foram transmitidas, não parece muito inclinada a reconhecer no homem um devedor que deve pagar.

A raiz da penitência está no arrependimento, na contrição, no *pesar* que nos produz o mal causado a um inocente, na ferida que abrimos quando ofendemos alguém que tem direito ao nosso respeito, à nossa amizade, ao nosso amor; quando procedemos com injustiça. Este pesar (*Pænitet me*, diz-se em latim: contrista-me) é o que leva a reconhecer a culpa, a pedir perdão e, ainda mais, a pormo-nos à disposição do ofendido e fazer o que seja necessário para reparar o mal causado. Quando o pesar é sincero, é uma forte e aguda necessidade a que experimenta o pecador de manifestar com obras o seu desejo de apagar sua má ação. Sente vivamente o desejo de desagravar a pessoa ofendida. Daí que, a realidade vivida, os atos de penitência se encontrem na razão direta da dor que nos produz o pecado.

Ora bem: Que é o pecado? Temo que seja assunto que desperte muito pouco interesse aos homens de hoje, a não ser que se perspective de uma maneira adequada ao que se supõe ser a mentalidade do nosso tempo, à mentalidade que corresponde a uma "humanidade" que chegou à idade "madura". Esta perspectiva parece ser múltipla. Por exemplo, a mentalidade madura da humanidade mostra não só interesse, mas boa disposição (uma atitude aberta, como corresponde) às teorias que tendem a demonstrar que o pecado não é mais do que um complexo de culpabilidade que pode ser facilmente curado por um psicanalista; ou às que se decidem a declará-lo um simples tabu de que é preciso libertar-se porque inibe a personalidade e prende o indivíduo numa apertada rede de convencionalismos burgueses; ou às que o declaram um simples acidente sem importância, produzido por causas psicológicas e de que não é preciso preocupar-se, porque, na realidade não é imputável. Ainda que talvez a explicação mais satisfatória seja a do reconhecimento do pecado social, do pecado comunitário, que deixa o indivíduo livre de toda a responsabilidade pessoal sem necessidade de negar inteiramente que exista o pecado.

Estas afirmações não são simples pressupostos. São afirmações que circulam e estão a penetrar na consciência do povo cristão, o que indica o pouco que temos feito para atalhar as falsidades que pseudoteólogos e pseudocientistas difundem, Deus sabe (e também eles, provavelmente) com que intenção, e como é escassa a nossa preocupação de deixar a doutrina da fé bem gravada nas mentes cristãs.

A vós, no entanto, devo recordar que o pecado é, essencialmente e sobretudo, uma ofensa a Deus. É a rebelião do homem contra o seu criador, a ruptura do laço que nos une a Deus. É um desprezo dos sofrimentos de Cristo, e, mais ainda, a causa de que Cristo tenha sofrido. Ao lado do que isto significa, tudo o mais é minúsculo, inclusive o mal que se ocasiona ao próximo carece de sentido, porque o que tem é em razão de ser o próximo uma criatura de Deus, feito à sua imagem e semelhança; é a Deus a quem estamos fazendo mal no próximo (supondo que possa exprimi-lo assim). Sem Deus, que o criou e o mantém no seu ser, não haveria próximo, nem homem, nem universo. Não haveria nada.

IV. TODOS PERECEREIS DO MESMO MODO

Pelo tremendo pecado de Adão, a humanidade rejeitou Deus, e quando se deu conta da espantosa catástrofe que tinha atraído sobre si, já não havia remédio. Mas Deus é Pai. Um Pai a quem o amor que tem aos seus filhos, os homens (*Deus é amor*, definiu São João), levou a determinar que o seu Filho Unigênito assumisse a natureza humana, no seio da Virgem Maria e padecesse, morrendo cravado numa cruz, pelos nossos pecados (por todos, desde o cometido por Adão, até ao último homem que viva sobre a terra), em resgate das nossas almas, em pagamento de uma dívida que nenhum homem, nem todos juntos, podiam pagar. Assim a dívida contraída pela humanidade ficou saldada.

Mas o homem aceita este resgate? Porque pode acontecer que, em vez disso, negue que tenha qualquer dívida a satisfazer e se exclua voluntariamente da Redenção.

Parece ser esta a atitude dos que negam o pecado, ou que o convertem em coisa tão banal e insignificante que a Redenção (a crucificação do Filho de Deus) se torna ridícula e, qualquer ato de reparação, uma estúpida inutilidade. Pelo contrário, o reconhecimento pelo homem da sua condição de pecador, a aceitação do pagamento que da sua dívida fez Cristo, manifesta-se pelo gesto de boa vontade que é a penitência.

Vivemos numa época frouxa, branda. Já sei que há muita dureza, muita violência, mas trata-se de uma dureza e uma violência com os outros, é a crueldade própria dos fracos. O que não se vê por nenhum lado é a violência que cada um deve exercer consigo próprio para manter os instintos dominados, para domar a vontade e obrigá-la a servir a Deus, para fazer o que deve, seja ou não agradável. O amolecimento característico da nossa sociedade mostra-se no modo como trata o corpo, na ânsia insaciável de bem-estar; na fuga de toda a incomodidade; na procura febril e desaforada de prazer, de tudo o que dá satisfação aos sentidos. Toda esta grandiosa orquestração à volta do sexo, já desde a infância (é preciso educar sexualmente as crianças, quanto antes!), toda esta poderosa indústria ao serviço do bem-estar, da comodidade e da abundância (incluídos os anticoncepcionais), tudo parece orientado para fazer esquecer ao homem que a vida toda se reduz a "uma noite ruim, numa pousada ruim", em frase de Santa Teresa. Porque, bem o sabeis, que todos temos de morrer, e todo o prazer se terá desvanecido para deixar em troca apenas um espaço cheio de vazio.

Hoje, aquelas penitências clássicas (jejuns, cilício, disciplinas, vigílias), a que tão inclinados foram os velhos tempos, carecem de sentido para a imensa maioria dos cristãos, e até parece, a julgar pelo que se ouve e se lê, que hoje se prega menos a penitência para o perdão dos pecados que a promoção social para uma vida mais digna e mais cômoda. O tipo humano que serve de modelo a este mundo e que alcançou a maturidade (e que "peca com insolência e aborrece o remédio do pecado", em palavras de Paulo VI) é capaz de grandes e monstruosos sacrifícios em serviços da ciência, da técnica, do poder, da riqueza, até do esporte; mas em obséquio de um Deus crucificado pelos nossos pecados? "Que medo têm as pessoas à expiação! Se o que fazem para parecer bem ao mundo, o fizessem retificando a intenção, por Deus…, que santos seriam alguns e algumas!" (*Caminho*, 215).

É verdade. Muita gente faz por nada o que, feito com espírito de expiação, além da paz para a sua alma, talvez lhes desse a santidade. Um *hippie* — ou os seus sucedâneos ou seus imitadores — não corta o cabelo. Os antigos nazarenos faziam-no como sinal de pertencerem a Deus, mas os *hippies* — e os seus sucedâneos e imitadores — fazem-no por simples protesto (?) ou como compromisso com a moda. Hoje muitos jovens andam com roupas sujas, desarranjados, como qualquer nobre medieval arrependido que, por Deus, pagava os seus anos de escravidão às pompas mundanas abraçando-se aos farrapos e à imundície. Mas hoje faz-se até por simples negligência e em nome da liberdade. Se um homem, voluntariamente e por amor a Cristo crucificado, se impusesse como penitência ir de madrugada, num dia desagradável e frio, a passear pelo monte sob a chuva e o vento durante horas, provavelmente troçariam dele chamando-lhe imbecil. Mas parece bem quando o faz um caçador, mesmo pagando, para apanhar alguma peça de caça. Passar fome para dominar o corpo e submeter os instintos, dentro de razoáveis limites, é coisa inconcebível para o homem contemporâneo; mas se o faz uma mulher para manter a linha, ou um quarentão para se conservar em forma, merece geral aprovação. O amor à esbelteza ou o medo ao infarto são hoje motivos mais poderosos para um cristão do que o desejo do céu ou o temor do inferno. E que dizer das provas que tiveram de suportar os primeiros candidatos a homens do espaço? Podeis conhecê-las pelo livro de R. Young, e verificareis que, ao lado delas, as penitências dos padres do deserto eram trabalhos de amadores. Mereceu geral aprovação e admiração o jovem estudante de Praga que se imolou queimando-se vivo, ao estilo de banzo, como protesto pela invasão russa da sua pátria. Compreende-se até que uma pessoa se suicide para protestar contra uma injustiça, mas não se entende que um homem faça penitência pelos seus pecados. Se o esforço e a tenacidade que põe um atleta para reduzir num décimo de segundo a sua própria marca (que importância terá isso?) o fizesse um cristão com espírito de penitência para desagravar a Deus dos pecados que se cometem, creio que haveria, sem dúvida, mais santidade no mundo.

Não, o homem da era técnica não reconhece que tenha nada a reparar, nada que pagar em relação a Deus. E no entanto...

Se lestes Bernanos, tereis ficado surpreendidos, talvez, da tremenda presença do pecado na sociedade, nos homens que constituem a sociedade, que se observa nas suas obras. É assombroso o realismo com que detecta o hálito sinistro, presente e quase palpável, do pecado nos vários ambientes, manchando tudo, sujando tudo, contaminando até o ar que se respira. Uma espécie de emanação viscosa que desliza ao nível da terra e vai subindo, abafando e apodrecendo tudo. Bernanos escrevia em tempos nos quais as formas exteriores contavam muito (uma sociedade hipócrita), e os bem pensantes, tão crua e maravilhosamente descritos por ele, cuidavam muito da sua respeitabilidade face ao exterior, agarrados aos convencionalismos como lesmas nas rugosidades de um muro. Hoje tudo isso desapareceu e já não há bem pensantes. Hoje derrubamos os convencionalismos e não ocultamos (que sinceridade a da nossa época!) os nossos vícios sob uma capa de respeitabilidade. Não. Hoje decidimos que o vício é respeitável e não há razão para o ocultar. Não é um pecado, porque é natural (inclusive os que são contra a natureza), de modo que em vez de os ocultar, os exibimos.

E assim somos ainda mais hipócritas do que os bem pensantes de uma sociedade hipócrita. Eles mentiam aos outros ocultando os seus pecados, mas não mentiam a si mesmos nem tomavam os outros por cretinos; ainda, pois, se moviam num mundo de realidades, ainda se atinham aos fatos. Hoje, os homens da sociedade adulta mentem a si próprios e mentem aos outros. Os bem pensantes eram sepulcros caiados, mas por fim não enganavam ninguém, porque muito branqueados que estivessem não ocultavam a sua condição de sepulcros. Os sepulcros de hoje não estão caiados, mas apresentam-se como se não fossem sepulcros, e sim monumentos vivos erigidos pela liberdade e pelo progresso, e como tais exigem ser aceitos. Pensam que os outros são parvos e não o notam. E por vezes acertam.

Os fariseus de hoje não admitem o pecado, não toleram ser inscritos entre os pecadores. Não têm nada em comum com o publicano do Evangelho, que era tão pecador que não se atrevia sequer a entrar no templo. Junto à entrada, meio tapado por uma coluna com medo de que se o vissem considerassem o templo profanado pela sua presença, nem ousava levantar a cabeça. Curvado, confundido, olhando para o chão, batia no peito e repetia uma e outra vez: "Senhor, tem compaixão de mim, que sou pecador".

O fariseu não. O fariseu, de pé, bem visível, com a cabeça orgulhosamente erguida (a dignidade do homem!), satisfeito de si mesmo, dava graças por não ser pecador. Pagava dízimos, não era adúltero, não era ladrão, não era como aquele desprezível publicano. O fariseu de hoje também não é pecador, porque o que faz não é pecado: ele não tem esses complexos de culpabilidade, dos quais se libertou há tempos; ele libertou-se de convencionalismos, de tabus, até dos resíduos de toda a moral objetiva. É um liberto. Mas não vamos confundi-lo com o fariseu do Evangelho, ainda que também traga a cabeça orgulhosamente erguida. O fariseu do Evangelho ainda dava graças a Deus.

"Muito me diverti", como dizia Santa Teresa quando divagava e perdia o fio do que estava a dizer. O que queria ter dito é que o pecado é uma realidade, a pior, a mais abominável das realidades, o puro mal, mas existente absolutamente real. E logo, que todos, vós e eu, e a totalidade dos homens, somos pecadores: homens nascidos no pecado e devedores a Deus para sempre, homens que voluntariamente ofendemos a Deus com pecados pessoais; homens que, por isso, não temos o direito de olhar para Deus com a cabeça erguida, porque a "dignidade humana" (que nos vem de sermos imagem e semelhança de Deus e de termos sido redimidos com o sangue de Cristo) espezinhamo-la ao comportarmo-nos de um modo indigno de um homem.

Tendes consciência disto? A Igreja tem. Ela sabe que é o Corpo Místico de Cristo, e que nós somos seus membros. Se Cristo, a Cabeça, padeceu pelos nossos pecados, é justo que nós, membros do seu corpo, nos solidarizemos com Ele, considerando, sobretudo, que se o inocente padeceu pelos culpados, o mínimo que podem fazer os culpados é padecer algo por seu turno.

A Igreja, volto a dizer, soube sempre que a penitência era necessária para a salvação. E como conhece a sua responsabilidade, e não ignora a nossa frouxidão, dispôs, para garantir que todos os seus filhos fizessem um mínimo de penitência, uma lei de abstinência e de jejum, obrigatória. Não era muito, mas era um mínimo. Durante séculos esteve vigente. Agora julgou conveniente deixar à generosidade dos fiéis e ao seu amor a Deus os atos de penitência, permitindo comutar livremente os estabelecidos por outra boa ação. Isso quer dizer que aumentou a nossa responsabilidade, porque nos tirou as andadeiras em que, por fim, descansávamos. E é agora a altura de cada um poder apreciar ao vivo o que se devia ao desejo de reparar os pecados, ao pesar que sentia pelas ofensas feitas a Deus, à sua compaixão por Cristo crucificado pelas nossas culpas, e o que era fruto de um costume recebido que não lhe dizia nada e do qual, por vezes, nem se dava conta. Agora é quando realmente se pode verificar se é certo que os católicos já não somos meninos, mas adultos.

Não quereria escandalizar-vos, mas também não se vos pode tratar como criaturas assustadiças a quem se ocultam as verdades desagradáveis. O *mysterium iniquitatis*, o pecado, é algo muito real e muito sério. Tanto que se com um só pecado se pudesse evitar uma guerra, se com um só pecado se pudesse evitar a fome e a sede, e a dor e a morte física, não seria lícito cometê-lo. É pior o pecado que todos os males que desencadeia. A fome, a sede, a dor, a guerra, a morte, e o sofrimento, são apenas alguns dos frutos de um primeiro pecado, frutos multiplicados e aumentados por todos que vieram depois. E hoje parece que há muito interesse em multiplicá-los, a julgar pelo empenho que põem alguns em nos convencerem de que é uma bagatela sem importância, mas extremamente agradável e necessária para cada um "se realizar".

Há um grande mistério nesta tremenda podridão que o pecado gera, onde quer que esteja, e o mundo parece hoje uma imensa vermineira. Deve haver algures alguns santos, com muito amor de Deus e consumidos de dor pelas afrontas que Cristo está a suportar com paciência infinita, que façam que o mundo se mantenha. E há também uma ligeireza culposa (ou deveria dizer ignorância?) na atitude banal e despreocupada que os homens adaptam perante o pecado. Para um número não desprezível de católicos o pecado é um simples acidente que não parece afetar muito a sua vida. Há os que vivem habitualmente com a morte dentro, em estado de condenação e em poder de satanás, e não se perturbam. Talvez porque estão mortos.

Não quero enganar-vos, como parece que o estão a tentar alguns com grande empenho. Se não fazemos penitência, se não nos convertemos seriamente a Deus, todos pereceremos do mesmo modo. Não se trata de um luxo, mas de uma necessidade (supondo, obviamente, que desejemos viver eternamente com Cristo. Se não é isto o que queremos, então é evidente que é preciso utilizar outros meios). Compreendo que isto da penitência não é uma perspectiva amável, mas quem fala aqui de amabilidade? Nem sequer Jesus Cristo procurou ganhar a nossa adesão à base de sorrisos, facilidades e condescendências. Ele falou com fatos; disse verdades, fossem ou não gratas. O que não fez foi comprar-nos com adulações, porque isso teria sido uma mentira inútil e estúpida. Pelo contrário, fez o que nenhum desses falsos profetas (que hoje pululam pregando que o que Deus proíbe é bom, e mau para o homem o que manda), nunca fará: dar a vida em paga das nossas dívidas.

E se é verdade que vós, os jovens, tendes o instinto da justiça, se é verdade que tendes uma sensibilidade muito aguçada para detectar a injustiça onde quer que se esconda, se são verdade todas essas coisas tão bonitas que os ensaístas costumam escrever sobre vós, por que tolerais o pecado, que é a maior das injustiças, posto que é a afronta e a ofensa feita a Deus, a quem devemos o ser e o existir? Por que o tolerais, por que contribuis para a condenação de Jesus Cristo como se fosse um impostor?

"Se não fizerdes penitência todos perecereis de igual modo…" Na verdade a mim parece-me justo. Não pode uma pessoa passar a vida a odiar a Deus e a crucificar o seu Filho, e por cima sentir-se tratado injustamente porque não lhe oferecem a vida eterna. Não pode manter uma atitude de intelectual indiferença ou de vital desprezo para com a Paixão de Cristo, e depois pretender que essa mesma Paixão o salve. Não é possível.

V. POR QUE NÃO ENTENDEIS A MINHA LINGUAGEM?

A julgar por esta pergunta que lhes fez Jesus no decorrer de uma daquelas discussões que surgiam de vez em quando, parece que os fariseus também tinham muito vivo o problema da incomunicação. Eles, pelo visto, do mesmo modo que o mundo de hoje, também não entendiam a Jesus.

Creio que a incomunicação é outro tema que está à flor da pele. Os jovens — particularmente os mais tocados de intelectualismo — apelam para este vocábulo a fim de salientarem que nem entendem os pais, nem os pais os entendem a eles; que nem entendem a geração dos mais velhos, nem esta em contrapartida os entende. Há incomunicação, enfim. Também ela existe entre a Igreja e o mundo de hoje, se vale a pena tomar a sério um setor muito ruidoso (sobretudo pela amplitude que a imprensa dá às suas vozes) de ensaístas de temas religiosos.

A esta espécie de incomunicação, queria referir-me agora porque creio que é também outro dos anzóis que nos apresenta o nosso tempo. Creio mesmo que terá sido este um dos fatores que mais contribuiu para a confusão de ideias relativas à doutrina da fé que parece ser hoje uma das características dos jovens… e dos adultos, também. Claro que não foi coisa que tenha ocorrido aos jovens, antes me parece que lhes foi transmitida pelos atuais educadores, os quais, por sua vez, a tinham suficientemente absorvida e até assimilada, para assim a crerem de tal modo.

Suponho que cheias de boa vontade por esse mundo paganizado que vive de costas para Deus, mas que, não obstante, faz tão maravilhosas descobertas científicas e técnicas; cheias também de compaixão por esses homens para quem a única linguagem inteligível é a que fala o mundo maduro de hoje, há muitas vozes que, de dentro da Igreja, propõem meios e remédios para que cesse esta incomunicação entre a Igreja e o mundo. Os homens percorreram um longo caminho desde os tempos de Trento. Avanços da ciência e da técnica, novas filosofias, profundas mudanças na mentalidade, novos problemas, novas formulações, modos de vida diferentes. A Igreja — dizem — deve tomar consciência desta evolução e evoluir ela também. Menciona-se a "insuficiência do pensamento cristão" em relação com a problemática atual; fala-se de uma "linguagem arcaica" para referir-se à que a Igreja utilizou para expor a doutrina da salvação. Faz-se urgente "a interpretação que o presente histórico exige à Igreja no seu conjunto e a cada um dos seus membros em particular" — nesses ensaios que por aí abundam.

O tom geral típico desta espécie de literatura religiosa não é uniforme, ainda que o seja o conteúdo. Por vezes soa com certa acritude, como acusando a Igreja de ter feito mal durante bastante tempo, de modo que vai sendo hora de despertar e pôr-se ao dia para se fazer entender. Outras vezes é um tom ligeiramente dorido, ainda que

V. POR QUE NÃO ENTENDEIS A MINHA LINGUAGEM?

reflexivo, como dando conselhos com uma paciência infinita, porque a Igreja é velha e um pouco anquilosada e lhe custa muito mudar de posição. Outras surge brioso, entusiasta e triunfalista; é o que costumam usar alguns cronistas religiosos dos jornais quando comprovam a "renovação" da Igreja, e de como os espíritos mais lúcidos e inseridos na sua própria época constituem uma vanguarda que, como ponta de lança, iniciou a ruptura de um tecido secular de marasmo e começaram a pô-lo em relação com o mundo.

Bem, não serei eu a dizer que para tudo isso não se deu qualquer motivo, embora, para ser inteiramente sincero, deva acrescentar que não devemos assacar à Igreja o que é defeito dos católicos, ainda que sejam eclesiásticos. Precisamente a confusão vem de que, infelizmente, houve uma linguagem que poderíamos designar *eclesiástica* ou, com menos delicadeza, *clerical*, que não era a que falava a gente da rua. E não só uma linguagem; também um tom, umas fórmulas, uns modos e até uma mentalidade. Só que isto não era propriamente a Igreja que o fazia, mas numerosos eclesiásticos e os leigos que, por uma razão ou por outra, estavam muito influenciados neste ponto, e claro está que nem uns nem outros ligavam com o resto da gente. Por sua vez, a gente talvez pensasse que "isso" era o catolicismo, ou que, para serem homens realmente católicos era preciso ser assim e falar assim, e a verdade é que isto não lhes agradava, e até se sentiam incapazes de um esforço tão a contra vontade.

Ora bem, duvido muito que seja isto o que se pretende corrigir. E duvido também de que a nova linguagem ensaística seja a mais apropriada para converter o mundo a Deus, entre outras razões, porque não é uma linguagem mais clara, mas mais obscura. Afirma-se (e transcrevo-o literalmente) que "junto com a notícia se propõe também a doutrina do *kerigma*", e ainda que certamente seja um pensamento consolador para o fiel povo cristão, não vejo que seja facilmente inteligível para a maior parte dele. Diz-se-lhe que "dificuldade em defender a fé corresponde à sua infraestrutura por parte do saber", e, ainda que nesta frase a comunicação alcance um elevado cume, não acabo de me convencer de que seja um modo de dizer o que se quer, a não ser, claro está, que se esteja a falar para um pequeno círculo de iniciados em filosofia e teologia, e inclusive na terminologia do pensamento marxista.

Dizem que entre Deus que quer falar ao homem, e o homem, que está disposto a escutar Deus, alguma coisa não vai bem por culpa do pano de fundo de "uma linguagem que não corresponde de maneira nenhuma à experiência do homem de hoje". Mas receio que o sentido que se dá à expressão "homem de hoje" seja muito restrito. Ou muito ambíguo. Parece que por "homem de hoje" se quer entender o cientista, ou o técnico, ou o filósofo; mas nunca o homem da rua. E ainda está por ver se "o homem de hoje" está disposto a escutar Deus. Por outro lado, que é isso de ter de falar-lhe de acordo com a sua experiência? Que se quer indicar quando se preconiza uma formulação, ou uma "expressão" da doutrina evangélica de acordo com as categorias do homem de hoje?

Não creio que com essa formulação se pretenda significar algo como o que vos vou dizer, lido num

V. POR QUE NÃO ENTENDEIS A MINHA LINGUAGEM?

livro aparecido ainda não há muitos anos. (Pelo menos, assim espero.) O autor propunha "a interrogação do Evangelho pelos cristãos do nosso tempo em ordem ao juízo e à ação política". Há que conseguir — dizia — "a marcha dos povos em diálogo". E à pergunta de por que Cristo não se quis comprometer nos assuntos temporais (aos quais, no entanto, com tanta tenacidade se quer comprometer hoje a Igreja), formulava, a modo de reflexão, as seguintes perguntas: "Pretenderia Cristo conservar as mãos limpas? Não compreendeu a importância da política? Teve um conceito desencarnado da religião?"

Francamente, parece-vos que se pode fazer tal pergunta ao Verbo de Deus, que encarnou no seio de Virgem Maria e se fez homem para nos revelar o mistério de Deus uno e trino? Credes que isto é exprimir a Boa Nova numa linguagem apropiada? Toda esta espécie de literatura, na verdade, faria rir se não desse tanta tristeza; dando-a, como a dá, desperta é vontade de chorar, não sei se de pena pela cegueira dos que a escrevem ou se pelo caos que está semeando na consciência dos cristãos, ou pelas duas coisas.

É certo que a mensagem evangélica é ininteligível para o mundo de hoje por causa da Igreja se empenhar em continuar a expressá-la em termos, conceitos, categorias e experiências que correspondem a um mundo arcaico e superado? Gostaria que tentássemos aprofundar um pouco a questão.

A linguagem compõe-se de palavras, e uma palavra é, por definição, a expressão de uma ideia. Convém ter em conta, antes de mais, que sendo isto assim, mudar uma palavra é mudar uma ideia. Foi questão de uma simples palavra permanecer fiel à revelação ou ser herege ariano: *consubstancial* ou *semelhante*, essa era a diferença, mas o termo grego que a exprimia era quase idêntico. A Igreja, que é depositária da revelação, teve sempre um grande respeito pelas palavras, escolhendo-as cuidadosamente para exprimir com a maior precisão e exatidão possível o conteúdo da revelação.

É claro que as ideias mestras (à moda humana), as ideias básicas de quanto existe, as expressa a filosofia. No entanto, a revelação refere-se essencialmente a Deus e ao mundo sobrenatural, que, como compreendereis, excede inteiramente a capacidade natural da razão. Se entre todas as filosofias existentes, se entre todas as linguagens (não me refiro a idiomas, obviamente) há que escolher uma para exprimir, ao alcance da capacidade humana, e com a maior exatidão possível, a mensagem da salvação com toda a fidelidade, deve haver alguém que determine que linguagem, que filosofia, que categorias são as mais aptas para isso.

E quem tem esta capacidade para determinar que filosofia, de todas quantas existem, é a que melhor exprime em termos humanos, em categorias de pensamento, as realidades sobrenaturais que nos foram reveladas? Sem qualquer dúvida, a Igreja. A ela foi confiado o depósito da Revelação, não só para que o guarde, mas também para que o ensine aos homens até o fim dos tempos, enquanto houver homens a salvar. Só a ela foi confiada e concedida a faculdade de interpretar retamente e de modo infalível o sentido da Escritura. Ela, a Igreja, é, portanto, quem tem de

V. POR QUE NÃO ENTENDEIS A MINHA LINGUAGEM?

decidir que filosofia, que linguagem, é a mais apta para explicar com fidelidade as verdades reveladas, os mistérios divinos, até onde é possível fazê-los inteligíveis ao entendimento humano.

Demorou alguns séculos, mas não é agora ocasião de nos determos nesta pequena história. O fato é que a Igreja escolheu, e enquanto não encontrar outra melhor, é a filosofia do ser, a filosofia aristotélico-tomista, a que até o presente e a seu juízo (e só ela pode sabê-lo) reúne a melhor aptidão para expressar em categorias humanas a mensagem da Revelação.

Mas hoje há discordantes que, argumentando que os termos filosóficos tradicionais utilizados pela Igreja já não estão à altura das descobertas científicas, nem de acordo com a mentalidade dos homens de hoje, pressionam com força para que se mude a linguagem, ou seja, a filosofia. Isto é: as ideias.

Não é coisa nova. Chamou-me a atenção, lendo os tratados de Santo Agostinho sobre o Evangelho de São João, uma frase notável: "Não seja — dizia, para justificar a sua insistência numa determinada passagem —, não seja que algum calibrador de palavras e examinador de sílabas, com ares de saber latim, venha a corrigir o Verbo de Deus". Não tenhais medo que não vou fazer um apanhado de toda a história; só mencionarei a tentativa que, nos fins do século XIX, fez o modernismo para relativizar o dogma mediante certas mudanças na sua formulação (sempre de acordo com a filosofia em voga), tentativa que não foi mais além pela vigilância e energia de São Pio X, figura pouco simpática hoje em certos setores.

Não era então a linguagem que se queria mudar, como também não o foi há apenas trinta anos, quando um grupo de "teólogos" proclamou a necessidade de uma teologia nova, em que as categorias correspondessem ao mundo moderno. Tudo isso de *natureza* e *pessoa*, de *matéria* e *forma*, de *substância* e *acidente*, de *causa* e *efeito* — diziam —, com que se explicam a Trindade e a Encarnação, a Eucaristia, são categorias arcaicas e amplamente superadas. Se se quer que o mundo aceite os dogmas — prosseguiam dizendo —, deve mudar-se a sua formulação, exprimi-los em categorias filosóficas atuais, pois cada época tem a sua linguagem e a sua própria mentalidade, e não se podem fazer inteligíveis as verdades reveladas se se exprimem numa linguagem arcaica que não corresponde à experiência do mundo atual. Para os novos "teólogos", alma e corpo, matéria e espírito, são apenas fases da evolução cósmica até o Ponto Ômega. Os anjos? Tontices! É um nome que indica um momento na evolução. Pecado original? Um modo de designar um estado rudimentar da humanidade. A graça? Um estágio mais ou maior da evolução, um pouco à frente da natureza, mas não essencialmente diferente. E assim sucessivamente. Sobre esta base, é evidente, que a tarefa urgente era proceder a desmitificar, a dessacralizar. Assim a Encarnação — dizem — não é, na realidade, a assunção pelo Verbo da natureza humana, mas a presença do cristão entre os demais homens: deixemo-nos de mitos que o mundo maduro rejeita (por alguma coisa é maduro) e expressemos uma realidade aceitável.

Não. Não se trata de uma simples mudança de palavras. Trata-se de mudar o conteúdo da Revelação, de

V. POR QUE NÃO ENTENDEIS A MINHA LINGUAGEM?

desvirtuar a doutrina de Cristo. Periodicamente, de tempos a tempos, costuma suceder isto. Se lerdes os Padres da Igreja podereis apreciar como gritavam, contra as falsificações da doutrina, que, por um caminho ou outro, se propagavam com uma constância digna de melhor causa.

O que é notável — e talvez por isso se explique a extensão do caos atual — é que tais fantasias tenham calado fundo em alguns setores dos quais mais havia que esperar uma adesão à doutrina de Cristo, uma adesão tão firme como deveria ter sido a denúncia das falsidades e a exposição do depósito da fé. Mas isto é outro assunto de que não nos vamos ocupar.

O que Jesus disse aos fariseus foi: "Porque não entendeis a minha linguagem? Por que não quereis seguir a minha doutrina" (Jo 8, 43). Era verdade. Aceitar a doutrina de Jesus e viver em conformidade implicava renunciar ao caminho que eles mesmos se tinham traçado, mutilando a revelação onde era possível e acomodando-a às suas conveniências mediante hábeis tergiversações onde a mutilação o era, porque se tornava tão descarada que teriam perdido todo o ponto de apoio para conseguir que o povo os seguisse. Queriam uma revelação que confirmasse os seus desejos e aspirações terrenas, mas não estavam dispostos a tolerar uma doutrina que exigisse a sua renúncia a elas. Não queriam entender outra linguagem que a sua própria, nem sequer para a sua própria salvação.

Hoje acontece exatamente o mesmo, e com a mesma hipocrisia. Onde não é possível mutilar a revelação (chamam "interpolações" aos textos que lhes parece poderem suprimir sem excessivo escândalo), mudam a linguagem para a acomodar às "categorias" do homem de hoje, às suas "experiências", e mediante este simples processo falsificam a revelação para a destruir. Como os judeus de então, também eles dizem: "Duras são estas palavras. Quem poderá suportá-las?" São, obviamente, homens cujo orgulho não admite lei alguma, não feita por eles mesmos. Nem a sujidade pode tolerar a limpeza, nem a castidade é aceitável para o homem (ou a mulher) que vive para o sexo, nem interessa a pobreza a quem adora o dinheiro, nem é suportável uma revelação transcendente a um mundo que só deseja ocupar-se do que ele mesmo criou ou pode controlar.

O impacto que tudo isto causou foi grande, entre outras razões, pelo tremendo poder dos meios de difusão, pela habilidade dos propagadores, pela passividade dos que deveriam ter falado em determinados momentos, e também, talvez, pela colaboração dos fiéis pouco instruídos ou demasiado cativados pelo espírito deste mundo.

Cada ciência tem a sua própria linguagem. Se não existem palavras para expressar novos processos ou descobrimentos, inventam-se. Não se pede à física ou à biologia que modifiquem a sua linguagem para se tornar inteligível à generalidade dos homens; é a estes que se pede uma disposição aberta para aprenderem as verdades científicas mediante a aprendizagem da terminologia adequada. E quando um homem com vocação para o ensino *sabe* bem uma ciência, sempre encontra a linguagem adequada para se fazer compreender. Durante séculos a Igreja soube falar uma linguagem acessível aos sábios e aos humildes, inclusive aos meninos. O fiel povo cristão soube sempre, com a velha linguagem (de experimentada eficácia), a que ater-se no essencial dos mistérios da fé. Sem dúvida que é necessária uma disposição aberta para assimilarmos alguma coisa que ignoramos. O povo, a gente da rua, entendia os ensinamentos que Jesus lhes dava acomodando-se à sua mentalidade, e o que não entendia, acreditava-o. Parte dos fariseus assim entendeu, e acabaram por ser discípulos do Senhor. Só os que não estavam dispostos a praticar a sua doutrina não entenderam a sua linguagem, mas a atitude deles era uma atitude hipócrita, como Jesus lhes fez ver. A falha não estava na linguagem, mas na sua obstinação interior de não admitir outra que não fosse a que eles queriam escutar.

Aí tendes como a *incomunicação*, outra das grandes palavras do nosso tempo, pode ser um desses grandes balões, cheios artificialmente, que, se um dia alguém acerta a estourar, ficará em simples pelica enrugada e flácida, sem grandeza nem conteúdo. Reconheço que a comunicação entre um que fala e outro que fecha os ouvidos porque não quer escutar o que se lhe diz, sem outra razão (ainda que esta seja suficiente) de que não lhe agrada, é possível. Mas a culpa não é da linguagem.

Não creio que Hegel seja mais claro nem mais inteligível para o homem de hoje que São Tomás, nem que Heidegger utilize um léxico ou umas categorias mais aptas do que Aristóteles. Também ainda, que *O Capital* esteja mais ao alcance do homem da rua que o *Guia dos Pecadores*, de Frei Luís de Granada, mas não ouço nenhuma voz que peça a sua expressão em outras categorias. De resto, não vos peço que acrediteis na minha palavra, mas experimentai vós mesmos: lede umas páginas de Heidegger e de São Tomás e tirai as vossas conclusões.

Pessoalmente não creio que toda esta complicação — que não complexidade — em torno da linguagem e da "expressão" da mensagem evangélica, mais intelectual que pastoral, e mais teórica que eficaz, dê uma ideia sequer mediana de Jesus Cristo, do Evangelho e dos rudimentos da doutrina católica. As verdades que é preciso crer, os mandamentos de Deus que devemos cumprir, o culto que devemos tributar, os sacramentos que se recebem, isso não muda. E repito que o que a Igreja tem de procurar é que essas verdades se deem a conhecer nas categorias de pensamento que mais fielmente expressem a revelação de Deus aos homens. Que ao mundo de hoje não lhe agrade a linguagem utilizada e prefira outras categorias de pensamento, isso é coisa sua. Também aos fariseus não agradava a linguagem de Jesus, mas Jesus não a alterou para dizer o que eles queriam ouvir. Dá-me a impressão de que o que o mundo de hoje — e os "teólogos" que se erigiram em porta-vozes das suas aspirações — pede à Igreja é uma lavagem cerebral que elimine as suas pretensões sobrenaturais, abdique da sua origem divina e acomode a Revelação aos sistemas vigentes.

Compreendo a boa vontade da gente simples que, dentro do possível, faz esforços para acomodar a linguagem — desta vez, as palavras — aos tempos modernos. É quase enternecedor ver como os liturgistas, ao fazer a versão dos textos das Escrituras para a língua vernácula, traduziram pudicamente a palavra "servo" por "empregado", menos malsoante ao que se supõe

V. POR QUE NÃO ENTENDEIS A MINHA LINGUAGEM?

ser a mentalidade do homem de hoje. É comovente, mas não me parece que este tipo de métodos pastorais atraia muitas ovelhas ao redil.

Também se está a mudar a linguagem auditiva e visual; essa que entra pelos olhos e tanto contribui para o ensino da gente humilde e simples. A substituição do órgão pelas violas elétricas, e a do canto gregoriano pelo flamenco, a música *pop* ou a canção moderna, talvez seja uma modo de substituir umas formas arcaicas por outras mais de acordo com a cultura (se assim se lhe pode chamar) moderna. Aos pregoeiros do "mundo de hoje" também lhes não agrada a linguagem escultórica daqueles Cristos em forma de homem, cravados na cruz, ensanguentados, com a agonia refletida nos olhos sob a coroa de espinhos; ou hieráticos e serenos reinando do alto da cruz. Antes parece que o mundo de hoje não necessita de tais realismos de épocas menos adultas que consideravam ainda o sacrifício do Calvário como um fato sucedido realmente e com entidade própria, e não como um símbolo. Ao símbolo correspondem melhor essa espécie de crucifixos de ferro, estilizados, quase invisíveis, ou feito de pedaços de ferradura, sucata e cravos, que mostra melhor o mundo do trabalho que faz o homem, como diria Marx. Desapareceram — ou estão a desaparecer — também aqueles sacrários que eram como a casa onde se albergava o Santíssimo Sacramento, o próprio Cristo em corpo, sangue, alma e divindade; uns Sacrários dourados, com a cruz rematando a parte da frente, por vezes ricos (fruto muitas vezes da generosidade dos fiéis), outras vezes de madeira pintada de purpurina, com o véu branco a cobri-lo como sinal de um delicado respeito para com o imenso mistério eucarístico. Agora, vemos modestas caixas retangulares, sem cruz e sem véu, discretamente postas a um lado do altar, num altar lateral, incrustadas ou suspensas na parede, que são a expressão da nova linguagem litúrgica, a qual quererá talvez sugerir alguma particular ideia simbólica em cuja raiz esteja latindo, porventura, não a ideia de *transubstanciação*, mas a de *transignificação*. Coisa de significado, não de substância, como podeis ver.

Para explicar (dentro do que é possível) o mistério da Encarnação do Filho de Deus, dizia-se que em Jesus Cristo há duas naturezas (divina e humana) e uma pessoa (divina). Um menino que soubesse isto, sabia o fundamental. Não digo que o entendesse (quem entende o que é um mistério?), mas, dada a sua capacidade, sabê-lo era suficiente. Gostaria que me dissessem que categoria ou que linguagem pode expor de modo mais claro, e ao nível de um menino, esta verdade.

Talvez possais objetar-me de que não se trata de meninos, mas de um mundo que alcançou a maturidade. Sim, mas não uma maturidade no que diz respeito à Revelação, porque nisto o mundo de hoje é como o mundo dos pagãos no século II, cito por exemplo, só que muito mais "convencido".

Quase sempre que leio coisas sobre a "incomunicação" sinto-me perplexo, pois não entendo como pode existir este problema em tempos em que os meios de comunicação chegam a todos os recantos. Hoje comunica-se tudo, e comunica-se tanto que já quase não existe

V. POR QUE NÃO ENTENDEIS A MINHA LINGUAGEM?

intimidade. Comunica-se o que nos interessa e o que não nos interessa; fala-se como nunca, escreve-se mais do que nunca, emite-se por rádio, televisão. Não sei o que queria comunicar Samuel Beckett em *Esperando Godot*, mas ter-lhe-ia agradecido que o tivesse expressado de maneira mais inteligível, supondo que haveria alguma coisa a expressar. Assim, pelo contrário, não sei com qual das hipóteses que se deram me hei de ficar. Mas compreendereis que este não é o caso da Igreja. Ela deve mostrar com clareza, precisão e exatidão, a doutrina de Cristo; não propor enigmas interessantes para os intelectuais brincarem.

Bom, tudo isto me cansa, e suponho que também vos estarei a cansar a vós. Só queria chegar a desembocar num par de considerações que talvez os sirvam, embora creio que isso depende do interesse que cada um tenha em resolver com seriedade e honradez o que lhe respeita de modo direto e essencial. Caso não entendais a linguagem com que a Igreja vem explicando os mistérios da fé, estais seguros de que, pelo menos, tentastes compreendê-la? Pusestes da vossa parte esse mínimo necessário que utilizais, por exemplo, para entender a explicação que se vos dá em física, bioquímica ou matemática lógica? Estou a pensar agora, por exemplo, nos que com facilidade abandonam a missa do domingo porque não lhes diz nada, ou simplesmente porque não entendem porque têm de lá ir; ou ainda nos que não se confessam porque não entendem porque isto ou aquilo há de ser um pecado.

Ou então, e voltando às palavras do Evangelho, dado que é necessário estar disposto a praticar a doutrina de Jesus Cristo se realmente se quer entender a sua linguagem, estais dispostos a praticá-la? Porque, se a resposta é "não", então ninguém se pode surpreender, nem sequer vós mesmos, de que não entendais nada.

VI. REPARTIDOR ENTRE OS HOMENS

São Lucas relata no seu Evangelho um incidente ocorrido certa ocasião, enquanto Jesus pregava, que me parece útil comentar porque talvez possa dar-nos critério sobre um par de questões que hoje estão em evidência, quer se queira, quer não. Ouçamos o Evangelista:

> "Disse-lhe alguém do meio da multidão: 'Mestre, diz a meu irmão que reparta comigo a herança'. Mas Ele respondeu-lhe: 'homem, quem me constituiu juiz ou repartidor entre vós?' Depois disse-lhes: 'Guardai-vos cuidadosamente de toda a avareza, porque a vida de cada um, ainda que esteja na abundância, não depende dos bens que possui'. E referiu-lhes esta parábola: 'Teve bom rendimento a fazenda de certo rico. Ele pôs-se a discorrer, dizendo consigo: *Que hei-de fazer, pois não tenho onde guardar a minha colheita?* Disse então: *Eis o que hei-de fazer: vou deitar abaixo os meus celeiros, para construir uns maiores, e lá guardarei todo o meu trigo e os meus bens. Depois direi à minha alma: Ó alma, tens muitos bens em depósito para largos anos; descansa, come, bebe, regala-te.* Deus, porém, disse-lhe: *Insensato! Esta mesma noite, hão-de reclamar-te a tua alma; e o que preparaste para quem será?* Assim é o que entesoira para si e não é rico em relação a Deus'" (Lc 12, 13-21).

Deixando a última parte para outra ocasião, vamos deter-nos apenas sobre os primeiros versículos.

Como de costume, havia muita gente à volta de Jesus, tanta que "se atropelavam uns aos outros". Se considerais o ambiente, não é difícil imaginar o protagonista involuntário do incidente colocado nas primeiras filas, talvez à força de cotoveladas e empurrões, para estar o mais próximo possível de Jesus. Tinha interesse em estar perto, mas, a julgar pelo que relata São Lucas, este interesse não era devido a um virtuoso desejo de escutar as suas palavras, mas a motivos muito menos elevados. Este homem queria obter algo do Senhor e procurava a oportunidade de se fazer ouvir. Na realidade não tinha ido a escutar Jesus, mas para que Jesus o escutasse a ele.

E com efeito, logo que Jesus fez uma pausa para tomar alento, e antes de ter tempo para retomar o discurso, aquele homem, sem nenhuma consideração pelo Senhor, e apenas pendente dos seus interesses, colocou a sua egoísta pretensão: "Mestre, diz a meu irmão que reparta comigo a herança".

Bem, era um problema de dinheiro, como vedes. O Senhor estava a falar de coisas importantes, de coisas que se referiam à vida eterna e, portanto, de muito interesse para a vida dos homens sobre a terra. Estava a dizer-lhes que se guardassem do fermento dos fariseus, que é a hipocrisia, porque nada havia tão escondido que um dia se não viesse a descobrir, e o que se dizia ao ouvido seria apregoado dos terraços. Dizia-lhes que não temessem os que só podiam matar o corpo, e, depois disto, não podiam fazer mais nada. Os que haviam de temer eram os que, depois de matar o corpo, podiam arrojar as suas almas no inferno. Essas eram os que havia que temer. Dizia-lhes, por outro lado, que até os cabelos da sua cabeça estavam contados, e que, se apesar dos pássaros valerem tão pouco, nem um deles era esquecido de Deus, quanto mais eles, que valiam muito mais do que os pássaros? Mas, pelos vistos, tudo aquilo não significava nada para aquele homem.

Não o escutava, porque não tinha nenhum interesse no que Jesus dizia. Estava a pensar no seu dinheiro, num dinheiro que era seu, mas que estava na posse do seu irmão. E esse dinheiro, de que poderia desfrutar se lhe dessem de uma vez, trazia-o tão obcecado que não podia pensar em nenhuma outra coisa, porque nenhuma outra contava tanto para ele como aquele dinheiro. E, além disso, era coisa de justiça; era seu, porque era a sua parte da herança, mas o irmão não lhe dava, o que ia contra todo o direito, e o direito e a justiça eram muito necessários; e ele tinha toda a razão e todo o direito; e a justiça estava do seu lado, mas o seu irmão não o reconhecia e não lhe dava o seu dinheiro.

Como Jesus tinha grande autoridade e prestígio, aquele homem obcecado foi procurá-lo para o utilizar em proveito próprio. Não lhe interessava absolutamente nada tudo o que pregava, — a vida eterna, o inferno, o amor ao próximo e tudo o mais. Tudo, exceto talvez a justiça. Não era justo que o irmão não lhe desse a sua parte da herança. A justiça é muito importante.

É compreensível que, durante uns momentos, o auditório permanecesse na expectativa. Iam, talvez, contemplar como, com umas breves palavras, um assunto espinhoso que estava a transformar os dois irmãos em dois inimigos iria ficar resolvido, e eles, uma vez mais admirados de como Jesus fazia fácil e simples o que parecia intrincado. Mas todos ficaram surpreendidos, porque as palavras que Ele pronunciou estavam muito longe de apontar na direção que esperavam. Jesus, tão solícito em fazer o bem, em curar, consolar, auxiliar os necessitados e os que sofriam, nesta ocasião desentendeu-se inteiramente. Porventura incomodou-o o egoísmo ou a avareza do que lhe fazia uma petição tão extemporânea, ou a falta de consideração de quem, pensando só nas suas coisas, o tratava como se poderia tratar um criado a quem se dão ordens. Ou talvez o tom do pedido tirou dureza à petição e a deixou em simples súplica. De qualquer maneira, Jesus não acedeu: "Ó homem! Quem me constituiu repartidor entre vós?"

Creio que vale a pena examinar calmamente esta resposta. Podemos, obviamente, perguntar por que Jesus, podendo fazer sem esforço um favor àquele sujeito, se desentendeu um pouco abruptamente da questão. Até poderia estranhar-nos ou desiludir-nos, a sua firme negativa em intervir, sobretudo, considerando que se tratava de um assunto em que se baralhava algo de maior transcendência que o dinheiro, pois o que estava em jogo era a amizade ou inimizade entre os irmãos.

Ao fim e ao cabo, que trabalho lhe teria custado fazer o que se lhe pedia? Nenhum, evidentemente. É precisamente isto que faz pensar: que não lhe custando nada, se negasse, de modo tão absoluto e sem apelo, a resolver o problema daquele homem. Por que procedeu assim?

Ele mesmo o diz: ninguém o constituíra repartidor entre os homens. Se tivesse atuado fazendo o que lhe pediam, então ter-se-ia constituído em algo alheio

VI. REPARTIDOR ENTRE OS HOMENS

àquilo para que tinha sido enviado, porque Ele veio para ser mediador entre os homens e Deus, entre Deus e os homens, mas não mediador entre homens, entre uns e outros. Gostaria que reparásseis nisto, porque me parece que é muito importante nos nossos dias, e particularmente no ambiente geral em que viveis. O Verbo fez-se carne para salvar os homens do poder do demônio, para os redimir da escravidão do pecado, para lhes mostrar o caminho da salvação, para os restituir à graça original e à amizade com Deus; para lhes revelar o mistério do reino dos céus. A sua missão consistia em elevar os homens para o mundo sobrenatural que tinham perdido pelo pecado de Adão, não em rebaixar o mundo sobrenatural, subordinando-o ao mundo terreno, até o pôr ao serviço de interesses humanos temporais.

Repito que é muito importante que tenhais consciência clara disto. Lede o Evangelho e não encontrareis nele que Jesus fizesse neste ponto a mínima concessão. Lembrais-vos de quando quiseram apanhar Jesus perguntando-lhe se era lícito pagar o tributo a César? Pediu que lhe mostrassem um denário, e perguntou aos fariseus: De quem é esta imagem e esta inscrição? De César, responderam-lhe. Muito bem, dai pois a César o que é de César, e a Deus o que é de Deus. (Com esta resposta igualmente pôs César no seu lugar, pois na inscrição se intitulava *Pontifex Maximus*). A resposta decepcionou os fariseus, e até é possível que os irritasse. Eles teriam preferido, naturalmente, que Jesus se pronunciasse negativamente, podendo assim denunciá-lo e afastá-lo. Também não lhes teria desagradado uma resposta afirmativa, porque então teriam podido mostrá-lo como partidário dos romanos, torná-lo antipático ao povo e convertê-lo em homem de partido. Precisamente a falsificação que os fariseus tinham feito da promessa — e, portanto, da religião — consistia em utilizá-la como instrumento para a consecução de fins ou vantagens temporais. E, precisamente também, os fariseus se voltaram contra Jesus a partir do momento em que começou a desautorizar a ideia de um messianismo terreno, a concepção de um messias ao serviço de um povo enraizado na carne e no sangue, e que era apenas figura de uma realidade que Jesus ia a implantar fundada na graça, isto é, numa vida nova e mais alta.

Por outro lado, e pensando-o bem, torna-se quase ridículo ver um Deus infinito humilhando-se até ao extremo de assumir a natureza humana; tudo para resolver o que os mesmos homens, com a inteligência com que Deus os dotou e um pouco de boa vontade e paciência podiam fazer por si. Repartidor entre os homens, que triste missão para o Filho de Deus!

Não é que se desentendesse dos homens, isso não. Se morreu por eles! O que não fez foi tratá-los como meninos sem uso de razão ou como deficientes mentais. E o que fez, sobretudo, foi deixar bem claro o que é absolutamente importante e aquilo que tem apenas uma relativa e transitória importância. Não veio mudar estruturas políticas, sociais ou econômicas, mas mudar os homens…, sempre e quando eles quisessem ser mudados. Amou os homens até ao ponto de ser insultado, humilhado, cuspido, crucificado, sem fulminar os que tão injustamente o maltrataram. Não veio remediar a

VI. REPARTIDOR ENTRE OS HOMENS

fome no mundo, nem o problema da habitação; nem também para fazer desaparecer o sofrimento — Ele mesmo sofreu, e não poupou sofrimentos aos que o amavam. Jamais se ocupou das formas de governo (exceto no que se refere à Igreja por Ele fundada, o Corpo de que é Cabeça), nem de problemas sociais; menos ainda dos econômicos. Tudo o que podiam — e deviam — resolver os homens, deixou-o para eles. A sua missão, a razão da sua passagem pela terra, radicava em resolver o que nenhum homem, nem todos juntos, podiam resolver; em ensinar o que nenhum homem, nem todos juntos, podiam saber; em dar-nos o que nenhum homem, nem todos juntos, podiam dar-nos. Mas a sua doutrina devia ajudá-los a viver na terra, e nos seus ensinamentos os homens encontrariam o critério para resolver toda a espécie de problemas suscetíveis de solução, e de sofrer com fruto e sem excessivo desgosto os que não estivesse na sua mão resolver.

Disse-vos antes que isto me parecia muito importante nos dias em que vivemos e no ambiente em que vos moveis. Suponho que não seja novidade para vós a afirmação de que a Igreja é a continuadora da missão redentora de Jesus, a que deve levar os efeitos da Redenção a todos os homens até o fim dos tempos. Esse é o povo da Nova Aliança, integrado por quantos creem que Jesus é o Filho de Deus e foram batizados no nome do Pai e do Filho e do Espírito Santo, no Corpo Místico de Cristo, cuja Cabeça é Ele. Por outro lado, Jesus Cristo fundou a sua Igreja para estender pela terra o reino de Deus, para orientar de novo toda a criação para o seu Criador, restaurando a ordem e a harmonia desfeitas pelo pecado original, o que, como é evidente, implica uma ação no mundo e sobre o mundo. Esta é a missão da Igreja; para isso foi constituída e dotada com poderes sobre-humanos. Compreendereis que a Igreja não é mais do que o seu Fundador, nem pode ir mais além donde Ele foi, e parece-me que entendê-lo não envolve grandes dificuldades.

Pois, pelo menos para alguns, as tem de fato. Torna-se-lhes difícil aceitar esse fato, não sei por qual razão.

Sucede com isto como com quase todas as verdades (para não dizer todas): ao ser a verdade um ponto intermediário entre dois erros, costuma ser impugnada de posições que se contradizem. Os modernos fariseus, alterando um pouco os termos em que os antigos tentaram Jesus, perguntam por sua vez: "É missão da Igreja a ação terrena e temporal, ou não?" Os liberais do século passado, católicos ou protestantes, pronunciavam-se pela negativa: a Igreja deve ocupar-se da ordem sobrenatural; quanto à ordem humana, deve abster-se, porque não lhe compete. Assim, a ordenação da sociedade e do Estado, do ensino e da legislação, da economia e de todas as relações humanas, devia revestir-se de um laicismo cuidadosamente preservado e defendido de toda a contaminação religiosa. Nesta mesma linha estão hoje os que defendem a coexistência pacífica entre cristianismo e marxismo: o cristianismo é uma fé religiosa, e, portanto, deve abster-se de dar fórmulas ou orientações sobre a ordenação da cidade temporal; esta tarefa corresponde ao marxismo, que é a "ciência" das leis da sociedade humana e terrena. Assim, se poderia ser marxista cristão como se pode ser engenheiro cristão. E com esta dicotomia entre a realidade sobrenatural e a realidade terrena, ambas fechadas, independentes e incomunicáveis, todos ficariam contentes e o problema resolvido.

Mas não há unanimidade. A partir dos anos da última guerra mundial lançou-se briosamente a abrir caminho a concepção oposta: o cristianismo não é para o mais além, mas para o aquém; o sujeito da salvação é, em certo sentido, o mundo, mais do que a pessoa. O cristão deve "promover no mundo a libertação das coisas criadas por uma utilização justa" ao serviço dos homens, numa espécie de fraternidade universal. Deve libertar-se "comunitariamente". A Igreja, portanto, não só deve denunciar situações injustas, como deve contribuir para as derrubar, de sorte que os movimentos revolucionários de libertação (em geral contra o capitalismo) devem ser abençoados e até ajudados pela Igreja.

E aqui tendes os dois extremos que se contradizem: uns postulam um radical desentendimento das realidades temporais por parte da Igreja; outros dizem que não, que o que é necessário é um radical compromisso com o mundo. Os primeiros pretendem converter a Igreja numa *entelequia*; os segundos, num instrumento a serviço de uma ideologia humana, de interesses puramente terrenos. Em ambos os casos pretendem destruí-la: os primeiros privando-a da sua ação sobrenatural sobre os homens, a sociedade e a vida e, portanto, impedindo-a de cumprir a missão para que existe. Os segundos, desvirtuando-a, arrebatando-lhe o seu conteúdo sobrenatural para a deixar reduzida a um instrumento de serviço para a consecução de fins que nada têm a ver com a sua missão própria.

A minha impressão é que esta segunda tendência é hoje a que mais fortemente está dominando, a que mais pressão exerce e a que melhores resultados está a obter. Obviamente, não o faz abertamente. Como se diz agora em linguagem futebolística, prepara o seu jogo de muito atrás, tendendo a criar uma mentalidade entre os católicos que facilite, como uma simples consequência lógica, o derradeiro passo.

Por exemplo, tentando introduzir a ideia de "democracia" na Igreja. A Igreja, como sabeis, é monárquica e hierárquica. Há uma cabeça visível, o Papa, Vigário de Cristo, que possui a plena autoridade de ordem e de jurisdição; o Papa governa toda a Igreja, e em comunhão e subordinados ao Papa, os bispos governam as suas dioceses. Esse modo de governo não advém de um acordo humano, mas provém do próprio Jesus Cristo: é de instituição divina. Portanto, negar aberta e explicitamente isto seria incorrer em heresia. Aquele que o fizesse ficaria imediatamente, de fato, separado da comunhão com a Igreja e então *de fora* é muito pouco, creio, o efeito que estas afirmações poderiam ter nos católicos. Mas há outros modos mais sutis e inteligentes, que já foram ensaiados (com êxito) pelos arianos e, mais recentemente, pelos jansenistas. Consistem em dizer as coisas de tal modo que sempre existe a possibilidade, ainda que forçando um tanto o sentido, de dar uma interpretação ortodoxa ao que se afirma.

Creio que foi São John Henry Newman que disse que não há erro mais venenoso do que aquele que provém da corrupção de uma verdade. Há termos que, retamente entendidos, exprimem conceitos muito ajustados:

corresponsabilidade, participação, representatividade, diálogo… Mas que, ao mesmo tempo, são muito aptos para serem utilizados de modo ambíguo, de tal modo que dão a entender algo muito diferente da ideia para cuja expressão nasceram. Se se diz, por exemplo, que "no mundo de hoje a autoridade não pode impor uma lei ao povo sem que este tenha podido assumir, direta ou indiretamente, uma parte da corresponsabilidade na preparação das leis…", isto diz-se em relação à Igreja. Porém o que na realidade se está a afirmar é que a autoridade — quer do Papa, quer dos Bispos — carece de faculdades para legislar sem que previamente tenha havido um certo acordo — ou, pelo menos, uma consulta — em relação aos que devem ser governados, porque para serem corresponsáveis devem ter participado nas decisões. De pouco serve dizer depois que não se pretende converter a Igreja numa democracia, porque, dado este posicionamento, ou a autoridade decide no sentido em que a pressionam, e então corre o risco de não governar e de acabar convertendo-se apenas num mero instrumento executor de decisões tomadas pelos que carecem da potestade de governo, ou resiste a ser mandada por qualquer grupo, e neste caso terá de passar por um calvário de dissabores que, certamente, não vão facilitar a sua missão de reger a parcela do povo de Deus que lhe foi confiada. Em qualquer caso o resultado é desastroso e prejudicial para as almas, que se veem abandonadas em benefício de conflitos de tipo político-estrutural cujo objeto — em contradição com o Evangelho ("quem vos ouve, a Mim ouve") — é apenas justificar doutrinalmente a falta de obediência.

A Igreja não existe *para* resolver problemas temporais — ainda que ajude, e não pouco, a fazê-lo, mas para ensinar aos homens, a todos os homens, o caminho da salvação e proporcionar-lhes os meios para que a consigam. Aponta ao estágio final da ressurreição e da vida eterna, mas realiza a sua missão na terra, entre homens que vivem num mundo sensível. Tem de pregar o Evangelho, tem de ensinar a seus filhos a doutrina revelada por Jesus Cristo e dar-lhes o critério cristão que lhes permita não só viver como filhos de Deus em quaisquer circunstâncias e condições, como realizar o seu trabalho, cumprir os seus deveres e exercer os seus direitos com o peculiar espírito que caracteriza os que acreditam em Jesus Cristo. Não está para organizar as coisas da terra, mas para infundir através dos seus fiéis o espírito do Evangelho na edificação da cidade terrena; e isto, não para abdicar da sua missão sobrenatural rebaixando-a e desvirtuando-a para mediar entre os homens, para se enredar em questões em que há muitas opções, mas, pelo contrário, para elevar os homens a uma maior altura para dali, com mais perspectiva e melhor vontade, poderem eles mesmos resolver este gênero de problemas. Não ensina mais dogmas que os contidos na revelação, e quase todos são de ordem sobrenatural. Como podia a Igreja, sem atraiçoar a Cristo e perder a sua razão de ser, vincular-se a um sistema político ou econômico, pregar oficialmente opiniões sobre este ou aquele assunto? Nem sequer o fez quando Nero ou Trajano eram imperadores; pelo contrário, se bem ensinou os seus fiéis a obedecer às autoridades pagãs no que era da sua competência, fez-lhes também saber em que outras

VI. REPARTIDOR ENTRE OS HOMENS

coisas não podiam transigir. E os cristãos aprenderam-no tão bem que preferiam morrer a ceder um ápice no que não podiam obedecer sem atraiçoar Cristo.

 A Igreja ocupa-se das coisas temporais enquanto têm relação com o fim último do homem e da criação. Pode mandar e proibir aos seus fiéis, como aliás sempre o tem feito. Deve dizer-lhes o que está de acordo com o Evangelho e o que não está. Mas são eles, os fiéis leigos, como homens e como cidadãos, como sujeitos que vivem em sociedade e ganham o pão com o suor do seu rosto, os que devem impregnar toda a vida e todas as atividades da vida, do espírito que levam dentro. A Igreja lhes ensinará o que é justo e o que não é, o lícito e o ilícito; ensinar-lhes-á a amar o próximo, a viver a caridade e a generosidade, mas o que não lhes dirá é se devem constituir-se em república ou monarquia, em democracia ou aristocracia; não lhes dirá se devem ser capitalistas ou socialistas em economia. Pelo contrário, defenderá sempre — como sempre o fez — a liberdade dos homens para realizarem quanto é lícito do modo que lhes pareça mais conveniente, para opinarem conforme vejam nas questões não dogmáticas que Deus deixou à livre discussão dos homens. E nenhum cristão pode — nem deve — comprometer a Igreja pretendendo atuar em seu nome em assuntos de ordem temporal, ou invocando-a para escudar as suas próprias opiniões. E isto também é válido para os sacerdotes, que devem pregar o Evangelho conforme ensina a Igreja com o seu Magistério, e não o converter em pretexto para perorar sobre política, economia ou sociologia dos púlpitos das Igrejas ou em pequenos conciliábulos de seletos.

De resto, bem claro o deixou fixado o Concílio Vaticano II (que neste ponto não costuma ser invocado, não obstante a sua clareza): "A missão que Cristo confiou à sua Igreja não é de ordem política, econômica ou social; o fim que lhe marcou é de ordem religiosa". De ordem religiosa, mas não limitado apenas a cada um dos homens, pois a criação inteira foi reconciliada com Deus por Cristo. Assim, "a missão da Igreja não é só oferecer aos homens a mensagem e a graça de Cristo, mas também impregnar e aperfeiçoar toda a ordem temporal com o espírito do Evangelho".

A Deus o que é de Deus, e a César o que é de César. Há anos dizia-se, com certo tom de zombaria, que os bispos se dedicavam a levantar moradias, e o Estado a cuidar de que os católicos guardassem a moralidade nas praias. Agora, ao passo a que vamos, enquanto os presbíteros se ocupam em denunciar as estruturas e acabar com a fome no mundo, ou da promoção social dos povos subdesenvolvidos (por via de regra, muito afastados das suas paróquias ou conventos), ou em resolver os problemas que competem ao Estado, ter-se-á que habilitar funcionários do Estado para ensinar o catecismo (da doutrina cristã), confessar e administrar os sacramentos?

Não sejais clericais. Nem Jesus era repartidor entre os homens, nem a Igreja foi constituída para resolver problemas de ordem puramente temporal. Sois vós que tendes de fazê-lo; à medida em que tenhais ideias claras, fá-lo-eis sem arrastar a Madre Igreja por terrenos espinhosos onde ficará isolada, e Deus não queira que fique também desfigurada e irreconhecível.

VII. O QUE ENTESOURA PARA SI

Quando falamos do incidente que durante a pregação de Jesus provocou um homem que desejava que o irmão repartisse a herança com ele, deixamos para outra altura ocupar-nos da última e mais extensa parte do texto que comentávamos. Vamos fazê-lo agora.

Jesus, depois de deixar bem claro que não ia misturar-se naquele gênero de assuntos, tentou ajudar aquele pobre obcecado pelo dinheiro abrindo-lhe um horizonte mais amplo. "A vida de cada um não depende dos bens que possui", disse-lhe. E depois expôs a parábola do homem que teve uma grande colheita, e ante a abundância que lhe caía em cima começou a pensar o que faria, até que encontrou uma solução que o satisfez: deitar abaixo os seus celeiros, construir outros maiores e armazenar a sua riqueza. "E então direi à minha alma: 'Tens muitos bens em depósito para longos anos; descansa, come, bebe, regala-te'. Mas Deus disse-lhe: 'néscio, esta noite te virão demandar a tua alma; e as coisas que juntaste, para quem serão?' Assim é o que entesoura para si, e não é rico para Deus" (Lc 12, 15-21).

Com efeito, ante o acontecimento mais decisivo e importante da vida de um homem, ante a sua morte, que utilidade têm as riquezas? A vida eterna não é o prêmio que se concede a quem demonstrou maior aptidão para armazenar uns bens de que não vai poder desfrutar indefinidamente, ao que não é rico aos olhos de Deus.

Há uma espécie de riqueza que não nos deixa quando morremos, mas, pelo contrário, se encontra quando a morte faz ato de presença. Ao fim e ao cabo, que sentido tem empregar os anos da vida a amontoar um milhão atrás de outro, para, por fim, descer à cova com o que se traz vestido? A um morto o dinheiro, bem como o que se pode comprar com ele, não serve para nada. A vida, a vida eterna, não está na riqueza. Nem sequer a vida temporal. Também os ricos e os riquíssimos acabam por morrer.

No mundo de hoje um católico pode encontrar-se muito desconcertado acerca deste ponto. Papini, se bem me recordo, chamava ao dinheiro "esterco de satanás", mas é evidente que sem algum dinheiro nem ele mesmo teria podido subsistir. São Francisco de Assis não queria que nenhum dos seus companheiros o tocasse sequer, mas Jesus e os seus discípulos dispunham de algum para atender às suas necessidades. Por outro lado, não se deve pôr em dúvida que o Evangelho prega a pobreza, e chega a dizer coisas tão fortes como esta: "Ai de vós, ó ricos, porque já tendes a vossa consolação" (Lc 6, 24), ou a afirmar categoricamente que é mais difícil entrar um rico no Reino dos Céus que um camelo passar pelo fundo de uma agulha.

A corrente geral do mundo não parece ser precisamente a do Evangelho, a de uma pobreza evangélica, antes dá a impressão de ser a contrária. Pouco depois de ascender ao pontificado, na sua primeira Encíclica, Paulo VI aludiu ao espírito de pobreza, tão proclamado no Evangelho e "tão ameaçado pela valorização dos bens na mentalidade moderna". Creio que não é difícil ver

VII. O QUE ENTESOURA PARA SI

a realidade deste fato. Hoje a economia está a ocupar um primeiríssimo lugar, o que quer dizer que se relegaram para segundo, terceiro ou último plano valores de maior, de muita maior entidade, e isto tem um terrível significado. "Bem-estar", "nível de vida", "sociedade opulenta" são termos familiares a todos. Hoje medem-se os homens não pelo que *são*, mas pelo que *têm*, o "quanto tens, tanto vales" é talvez hoje mais verdade do que quando se inventou. Hoje chegam-se a valorizar os homens como se fossem objetos. "Vês Fulano? Vale tantos milhões." E quando um homem é medido em dinheiro é que se converteu numa coisa, em algo que tem o seu preço e pode ser comprado.

No mundo de hoje, a riqueza, o dinheiro com que se podem adquirir montões de objetos tão luxuosos como inúteis, diversões tão caras como anticristãs, aparências tão custosas como vazias, é o grande objetivo de muitos homens, que parecem enlouquecidos por uma atividade incontível de criar novas necessidades para vender coisas novas e ganhar mais dinheiro.

É justamente neste mundo possuído pelo dinheiro, onde há uns anos a esta parte, parece que como se soprara um vento purificador e austero em alguns setores cristãos destinados a varrer a riqueza. A expressão "Igreja dos pobres" quer ser, parece-me, uma expressão de pureza face à contaminação que, supõe-se, sofreu a Igreja neste aspecto, e, ao mesmo tempo, um desejo, ou um programa, destinado a restituí-la à austeridade evangélica.

Soa bem, mas as dificuldades começam quando, ao querer penetrar no seu sentido, se começam a fazer perguntas. Quem são os pobres? Devem ser excluídos da Igreja os ricos? No Evangelho aparecem ricos que não só são bons, mas tão bons, que alguns, como o pai do filho pródigo, até servem para nos dar uma ideia da bondade de Deus para com os pecadores, ou são tão desprendidos que se despojaram de grande parte do seu dinheiro logo que conheceram Jesus, como Zaqueu. Também aparecem pobres, como o homem que queria que o irmão lhe desse a sua parte da herança, com o coração tão ruído pela cobiça, que Jesus inventou para o seu caso a parábola do rico da grande colheita. São Bento José Labre era um mendigo, São Fernando era rei, Santa Inês era rica, São Pedro de Alcântara não tinha nada. Todos são santos.

Como se vê, e até agora, parece que a pobreza da "Igreja dos pobres" se referirá, sobretudo ou exclusivamente, ao culto. Evitar a ostentação, o desperdício, o luxo. Não sei exatamente o que se entende por ostentação no culto, ou por luxo. Talvez uma custódia ter pedras preciosas, ou um sacrário ser rico? Talvez se queira dizer que um rubi ou uma safira estaria melhor numa joia para ser ostentada por uma mulher numa festa elegante de sociedade do que num cálice que vai conter o Sangue de Cristo? Ou para estar guardada na caixa-forte de um banco? Um báculo de madeira pode ser mais caro que um de metal, e há fatos aparentemente toscos mais dispendiosos do que outros de aparência mais rica. Uma vez sucedeu o seguinte: uma mulher quebrou um frasco de alabastro contendo um perfume de grande preço, com que ungiu Jesus Cristo. Só um discípulo, precisamente Judas, protestou contra o desperdício: "Por que

VII. O QUE ENTESOURA PARA SI

se não vendeu este bálsamo por trezentos denários, para se dar aos pobres?" São João, que estava lá e conhecia bem Judas há tempos, comentou no seu Evangelho: "Disse isto, não porque se importasse com os pobres, mas porque era ladrão, e, tendo a bolsa, roubava o que se lançava nela". O que interessa agora, contudo, não é tanto o comentário de São João como a reação de Jesus: "Deixa-a; ela reservou este perfume para o dia da minha sepultura; porque sempre tereis pobres convosco, mas a mim não me tereis sempre". Além do mais, não creio que alguém que conheça medianamente a história da Igreja possa ignorar que se uma entidade houve que de verdade se tenha preocupado com remediar os pobres foi a Igreja, em todos os tempos.

Particularmente creio, como se escreveu não há muito, que a "beleza, inclusive custosa, não poderia neste mundo estar mais bem empregue que aqui". O templo é a casa de Deus, mas também a dos seus filhos. E é o único lugar onde os mais pobres podem desfrutar das belezas da arte, do esplendor da liturgia, das maravilhas que lhes estão vedadas fora dali, com a mesma comodidade e na mesma medida que os ricos. E tudo aquilo é também seu, ainda que não o tenham pagado com o seu dinheiro, e participam de tudo com iguais direitos que o mais rico dos fiéis.

Em todo o caso, o que eu queria dizer é que quando se fala de pobreza devemos entender a palavra em sentido cristão, quer dizer, em sentido evangélico. Para isso é necessário fazer algumas considerações, porque de outro modo nos sujeitamos a andar sempre a jogar com conceitos equivocados, confundindo as coisas e acabando num diálogo de surdos onde ninguém se entende, porque cada um tem a *sua* ideia da pobreza, sem que jamais se tenha preocupado de averiguar se essa ideia é a que se depreende do Evangelho.

O homem, todo homem, tem necessidades. Deus pô-lo no mundo, e pôs também no mundo uns meios para as poder satisfazer. Portanto, a posse de alguns bens materiais é necessária para o homem. Estes meios — que são bens, que são bons — são só meios, não são fins; e são meios que Deus dá ao homem para que ele possa alcançar o fim para o qual foi criado. Depois de tudo, para conseguir o seu fim sobrenatural o homem tem de passar pela terra, e durante a sua passagem não pode viver só do ar. Portanto, temos, para começar, um par de ideias precisas: os bens da terra não são maus, são bons; os bens da terra existem para ajudar o homem a alcançar o seu fim natural e o seu fim sobrenatural. E ainda podemos fixar uma terceira ideia: falando em termos absolutos, não é o homem que cria os bens da terra, mas Deus. São, pois estritamente falando, seus, e dá-os aos homens com uma finalidade determinada. Isto equivale a dizer que somos, em relação aos bens deste mundo, como administradores que um dia deverão prestar contas do emprego que deles fizermos.

O dinheiro não é mais que uma coisa. E uma coisa é uma moradia na serra ou junto ao mar, e um automóvel, e uma garrafa de vinho, e uma árvore, um quadro ou um violino. Estes são bens materiais, mas há também bens espirituais: a arte, a música, a poesia, a cultura. Ora bem: tantos uns como outros existem em função do homem, rei da criação, mas continuam sem ser mais que coisas,

VII. O QUE ENTESOURA PARA SI

sem que moralmente se possam qualificar de bondade ou maldade. Ontologicamente são bons, porque tudo o que é, é bom, mas moralmente são indiferentes pelo fato de serem coisas.

Creio que com estes prolegômenos podemos começar a discorrer com certa base. Se ledes o Evangelho vereis que nem Jesus, nem Nossa Senhora eram indigentes ou mendigos; Jesus não pregou que a miséria fosse uma virtude, nem que fosse bom para o homem carecer do indispensável. Também não se pronunciou no sentido de que se fizesse uma repartição niveladora. Pregou a pobreza, ou melhor, a *virtude* da pobreza, mas não era um demagogo ou um ressentido que salvasse os pobres pelo fato de não terem e condenasse os ricos pelos bens que possuíam. Apontava para um nível muito mais profundo, mais radical: "onde está o vosso tesouro aí está o vosso coração". Porventura não nos fez saber que não é o que está de fora que mancha o homem? O que procede do coração, isso é que o pode manchar. E os bens deste mundo são coisas exteriores ao homem, e como não pode prescindir absolutamente deles, o fato de ter o que é conveniente para o cumprimento do fim natural e sobrenatural que se deve alcançar não se opõe à pobreza. Se fosse assim, a pobreza não poderia pregar-se como uma virtude que, por ser evangélica, obriga a todos. Um homem tão pouco suspeito como São Tomás — e não esqueçais que é o Doutor comum da Igreja — chegou a firmar isto: "É impossível praticar a virtude se não se tem um mínimo de bem-estar". Quando este mínimo falta, então é quase impossível que o homem possa sequer alcançar o seu fim natural, pois o ameaça o risco de se rebaixar a uma instintiva e quase animal luta pela vida, sem poder cuidar de outra coisa que não seja obter, de algum modo, a sobrevivência.

Os bens da terra, a riqueza, o dinheiro são meios que só adquirem sentido em relação ao fim para que existem. Quando o homem deixa de considerá-los meios e os converte num fim, então é quando já não há pobreza. Quando um homem se converte num escravo do dinheiro, quando dedica o seu tempo e o melhor da sua vida a adquirir e acumular riquezas, então tornou-se rico. O seu coração é possuído pelo dinheiro, tem-no posto nas riquezas, que são o seu tesouro. "Quem ama a Deus — dizia Santo Agostinho — não pode amar muito o dinheiro"; e esclarecia: "não digo que não possa amar o dinheiro, mas que não pode amar *muito* o dinheiro". Quando se apega a ele, quando lhe entra na alma a cobiça ou a avareza, deixou de servir a Deus para se entregar ao serviço de um ídolo. "Usa o dinheiro — prosseguia dizendo — como o caminhante utiliza na pousada a mesa, o copo, o prato, a cama. Para os deixar, não para permanecer neles."

As coisas, dinheiro incluído, são apenas para usar. Sim, mas para usá-las como? Tendo em conta o fim do homem — dar glória a Deus e, como consequência, a salvação —, as coisas (que em si não significam muito) adquirem importância na medida em que servem à glória de Deus e à salvação dos homens e a sua utilização deve medir-se pelo que contribuem para isso, sempre sem perder de vista que tem que deixá-las. Ganhar dinheiro não é mau. O mau é não dar a mãos cheias o que nos sobra;

VII. O QUE ENTESOURA PARA SI

o mau é armazená-lo em benefício próprio, empregá-lo em acumular cada vez mais coisas; em casas cada vez mais luxuosas, de que um rico mal pode desfrutar porque necessita de todo o seu tempo para continuar a ganhar mais dinheiro, com o fim de manter uma vida cada vez mais exigente, com despesas cada vez maiores e mais desnecessárias. Compreendo que é difícil ao egoísmo humano praticar o que São Tomás exige: "No que se refere ao gozo das coisas exteriores, o homem *não* deve possuí-las *como* exclusivamente suas, mas *como* comuns para ele e para os outros, de modo que cada uma ponha facilmente à disposição dos outros para ajudar as suas necessidades". No entanto, isso será possível quando, com espírito realmente cristão, a riqueza se considere não como um benefício, mas como um serviço, como algo que se nos dá para ajudar o próximo.

Esta obsessão do mundo de hoje pelo dinheiro tem os seus inconvenientes. Ganhar mais para ter mais, espevitar-se, multiplicar-se para apanhar o maior bocado possível do dinheiro que anda circulando, viver a um nível cada vez mais elevado. Isso absorve quase todo o tempo disponível, de modo que muitos homens — cada vez mais, receio — não podem ocupar-se dos filhos, nem quase da própria mulher, e a sua casa é como uma pensão em que apenas estão para dormir…, quando não estão em viagem de negócios. E depois todo esse cortejo a que o dinheiro obriga de relações sociais, relações comerciais, que acaba com o escasso tempo disponível, sem que nem sequer sirva de descanso ou de calma amizade, porque de sossego não tem nada, e a amizade não necessita de tanto ruído.

No outro extremo, há os que pregam à boca cheia a pobreza, os que se escandalizam de tudo o que eles mesmos não consideram pobres, os que clamam contra os ricos e fazem bonitas frases em benefício dos pobres. Esses dão-me a impressão de que pregam uma pobreza ostentosa e artificial face ao público. Um pobre que o seja de verdade não fala tanto; menos ainda exibe a sua pobreza como exemplo que ele mesmo se compraz em contemplar.

Não é tida a pobreza por virtude — dizia São Bernardo —, mas o amor à pobreza. Um pobre que se consome de raiva porque não tem o que os outros têm tem espírito de rico. A pobreza evangélica é outra coisa: é desprendimento, é ter o coração livre dessa pesada carga que é o apego ao dinheiro, aos bens deste mundo: "Sei passar necessidades e sei viver na abundância; a tudo estou bem acostumado: à fartura e à fome, a ter abundância e a carecer", escrevia São Paulo. Tanto lhe dava uma coisa como outra, e nada disso o afetava. Espírito de pobreza é ter consciência de que somos administradores dos bens de Deus, e que teremos de dar conta do uso, bom ou mau, que tenhamos feito do que confiou ao nosso cuidado para fazer o bem aos outros. É também saber conter-se no justo limite, e em vez de ir criando novas e cada vez mais caras necessidades, dar o que nos sobra ao que o necessita. O Estado deve procurar a promoção dos mais débeis, dos mais pobres, e que haja uma justa distribuição da riqueza, mas isto não exime o que pode, porque tem de remediar casos concretos que estão ao seu alcance. É demasiado cômodo apelar para o Estado, ou clamar que a esmola é humilhante, além de que um pobre de verdade jamais se sente humilhado porque alguém com um coração generoso lhe estenda uma mão. Tudo depende da elegância espiritual do que dá que a sua ajuda seja como o pedaço de pão duro que se atira a um cão ou, pelo contrário, como algo que se partilha com um irmão. Ao fim e ao cabo, cada um tem não o que guarda ou acumula, mas o que dá. Trata-se de ser rico aos olhos de Deus. Falar de pobreza é barato e obviamente está ao alcance de muitos. Pensar nos pobres também não custa nada. Difícil é ser desprendido, dar o que sobra, renunciar a criar mais necessidades, abster-se de se comparar com o vizinho e sentir-se humilhado por ter menos do que ele, por ganhar menos valendo tanto ou mais, por possuir menos coisas, por não poder relacionar-se ao seu nível.

Creio, além disso, que a pobreza evangélica tem que ver, e não pouco, com o trabalho. Parece-me que foi Alphonse Gratry quem definia a pobreza como a aquisição pelo trabalho do necessário para a vida cotidiana. E foi São Paulo quem disse: "Quando ainda estávamos convosco, vos declarávamos que, se alguém não quer trabalhar, que não coma. Ouvimos dizer que alguns entre vós são preguiçosos, nada fazendo, mas ocupando-se em coisas vãs; a estes, pois que assim procedem, ordenamos e rogamos no Senhor Jesus Cristo que, trabalhando pacificamente, comam o pão assim ganho" (2 Ts 3, 10-12). Talvez se possa dizer que pobre é o que vive do seu trabalho, o que ganha o que come, aquele cujo capital — o melhor de todos — é o seu esforço diário. Tem mais espírito de pobreza o que, empregando os meios para melhorar, se mantém no nível que o seu salário lhe permite, que o que o ultrapassa e depois se converte numa espécie de máquina enlouquecida em constante e esgotadora luta com as dívidas, as letras e os prazos para se manter num plano superior ao que na verdade lhe corresponde.

O trabalho ao serviço do dinheiro também não é bom. A família — mulher e filhos — têm direitos. E Deus também. O ócio, um mínimo de ócio, é necessário, porque a vida não pode converter-se num contínuo negócio (*necotium*), nem o homem num robô, num *homo faber*. A virtude da pobreza tende precisamente a manter o homem livre do domínio das coisas exteriores, para que nenhuma delas seja um vínculo que o escravize e o afaste de Deus. Não interessa chegar à morte com um fardo de inutilidades que não nos servirão de nada, e com as mãos vazias de bens sobrenaturais.

Quando um homem coloca o objetivo da sua vida só em ganhar dinheiro, ficou apanhado. Mas considerai isto: a pobreza evangélica não está propriamente em ter ou não ter, mas em estar desprendido, como lembra *Caminho*. Um mendigo pode ser tão avarento ou cobiçoso como um ricaço, porque nem a avareza, nem a cobiça dependem das coisas de fora; estão no coração, e o coração humano é essencialmente igual em todos…

Bem; suponho que hoje vos aborreci bastante mais do que o desejável. O pior é que nem sequer sei se terá servido para alguma coisa o que vos disse. Por causa das coisas, quereria concretizar um pouco.

Não me agradaria que pusésseis a vossa meta nisso que agora parece constituir o objetivo de não poucos jovens: triunfar, quer dizer, chegar à notoriedade e ao

VII. O QUE ENTESOURA PARA SI

dinheiro. Preferia que a puséssseis em servir a Deus e aos outros mediante o vosso trabalho, e que fôsseis generosos para com os que têm menos que vós ou não têm nada. O resto virá por acréscimo. Fazei o que deveis fazer. E neste ponto, o que deveis fazer — o que devemos fazer os que somos discípulos de Cristo, cristãos — não é entesourar dinheiro, mas partilhar do que temos. Dar de comer a quem tem fome, vestir os nus, comunicar o que sabemos com quem não sabe, emprestar o nosso livro ao que não o tem porque não o pode adquirir, ou oferecer-lhe, ainda que para isso se tenha de renunciar a um capricho ou a uma satisfação. Numa palavra, ir tornando-nos ricos aos olhos de Deus. Ao fim e ao cabo, para viver não é necessário muito, como o demonstrou o pobre de Assis há muitos séculos e talvez o tivessem demonstrado os *hippies* de hoje se não fora porque, em vez de limitar-se a lançar fora um lastro inútil, o que fizeram foi trocá-lo por outro ainda mais inútil.

"Tem mais aquele que precisa de menos. Não cries necessidades" (*Caminho*, 630). É um bom conselho que conduz ao íntimo da virtude da pobreza pregada por Cristo. Não vos escravizeis a coisa alguma; limitai--vos a usá-la na medida que vos for necessário, mas não mais. Dai o que vos sobeje, ajudai a quem possais e, por amor de Deus, não permitais que o dinheiro, mesmo o dos vossos gastos e diversões, se apodere de vós até ao extremo de vos fazer viver tão dependentes dele como o homem da herança a que nos referimos. As grandes riquezas geram as grandes concupiscências, dizia Juan Donoso Cortés. Já sei que os jovens não são cobiçosos nem avarentos… ainda. Mas se vos acostumais a caprichos, inutilidades e necessidades cada vez maiores, a gastar o que ainda não ganhais, então deitastes tudo a perder. Se quereis de verdade reformar uma sociedade sem sentido começai por viver pobremente, quer dizer, sobriamente. Não com uma pobreza ostentosa, publicada ostensivamente para lançar à cara da sociedade a sua corrupção pelo dinheiro, mas de modo que a vossa mão direita não saiba o que faz a esquerda. E trabalhando, porque ninguém tem o direito de ser uma carga para os outros se o pode evitar.

Perdoai que vos diga que, em geral, não vejo que a gente jovem se distinga hoje pela sua sobriedade e espírito de pobreza. Segundo li em diversas publicações, dispõem de mais dinheiro que nunca e gastam mais que nunca. Também têm mais necessidades que nunca. Os comerciantes descobriram-no muito rapidamente (na verdade, creio que foram os primeiros a perceberem isso) e, também muito depressa se especializaram no público juvenil. Toda aquela época dos adolescentes e das discotecas (que, segundo ouvi dizer, fazem o seu negócio à custa dos jovens, não dos velhotes; estes costumam ir ao casino e tomam limonada), e tudo o mais. Eu não sei se fazeis contas; sei sim que os pobres as fazem, e esticam o dinheiro e o medem até ao centavo, porque têm pouco e lhes custa muito a ganhar. Pois bem: enquanto não tiverdes consciência do que custa ganhá-lo, e fizerdes números para que chegue até onde deve chegar, e saibais prescindir de algo em ajuda de outros, ainda não captastes o espírito de pobreza próprio do cristão.

Enquanto não fizermos isto, creio que não temos o direito de protestar contra a fome no mundo, nem de falar do subdesenvolvimento, nem de todas as outras coisas que hoje estão na moda, nem ainda presumir de espírito cristão, embora vamos à missa todos os domingos ou façamos lindas frases em favor dos pobres.

VIII. SÃO-TE PERDOADOS OS TEUS PECADOS

Estas foram as palavras que uma vez escutou um paralítico da boca de Jesus. Uns amigos, ou talvez os parentes, tinham-no levado do lugar onde jazia até à presença do Senhor, que se achava em Cafarnaum. Mas era tanta a gente que estava apinhada à volta da casa escutando as suas palavras que os que traziam o paralítico, não podendo entrar pela porta, tiveram que descê-lo do terraço até à sala onde estava Jesus. Ao tê-lo diante de si, e vendo a fé daqueles homens, Jesus disse ao paralítico: "Filho, são-te perdoados os teus pecados".

Tal como parecia ser um velho e arraigado costume dos escribas e fariseus, estes começaram a murmurar no seu íntimo: "Como fala assim este homem. Ele blasfema. Quem pode perdoar os pecados, senão só Deus?" Jesus então, *vendo* os seus pensamentos, dirigiu-se a eles e disse-lhes: "Que é mais fácil dizer: 'os teus pecados são-te perdoados, ou dizer: Levanta-te, toma o teu leito e anda? Ora, para que saibas que o Filho do Homem tem na terra poder de perdoar pecados..."

Viram-no. Viram-no com os próprios olhos, viram-no tão claro que só um cerrado fanatismo podia impedir — como impediu — que se rendessem à realidade. Porque Jesus mandou ao paralítico que tomasse o seu leito e fosse para casa, e imediatamente o paralítico assim fez.

Deixando de lado os muitos caminhos que São Marcos (2, 1-12) nos sugere nesta passagem, vamos fixar-nos no que constitui a ideia central: ninguém pode perdoar pecados a não ser Deus. Não é muito difícil de entender, se considerardes que o pecado é, na sua essência, uma ofensa a Deus, e é evidente que só o ofendido pode perdoar a ofensa que se lhe faz. Se lerdes com cuidado o texto de São Marcos observareis que Jesus veio dizer-lhes com toda a clareza que Ele era Deus, posto que podia perdoar os pecados. O milagre foi simplesmente o meio que utilizou para que esta verdade lhes entrasse pelos olhos.

Suponho que todos alguma vez pensamos que este modo de perdão é formidável e, sobretudo, cómodo. Mas nem mesmo Jesus o usou demasiado. Deixou-nos o batismo, que perdoa todas as coisas sem ter que especificar nada, e isso é já muito. Infelizmente, nenhum homem em estado de graça está confirmado nele; pode cair depois do batismo e lançar tudo a perder, e de fato assim sucede.

Precisamente porque sabia de que massa somos feitos e até que ponto somos frágeis, o Senhor nos deixou o sacramento da penitência para que pudéssemos levantar-nos de novo quantas vezes caíssemos. Nos velhos livros de moral chama-se-lhe "a segunda tábua depois do naufrágio". Se depois do batismo se comete pecado, podemos agarrar-nos à confissão para não sucumbir, mas não há outra tábua depois desta, não há outro sacramento se este se inutiliza.

Não vou me alongar com uma exposição teológica detalhada sobre a confissão. Podeis, se quereis informar--vos a fundo, ler o *Catecismo Romano*, ou se preferis

VIII. SÃO-TE PERDOADOS OS TEUS PECADOS

algo mais recente, a Exortação apostólica pós-sinodal *Reconciliatio et Pœnitentia* (Reconciliação e penitência na missão atual da Igreja), do Papa João Paulo II.[1] Eu preferia agora fazer algumas reflexões que vos podem ser mais úteis, pois, nestes tempos que estamos a viver, há um grande empenho em fazer pressão sobre a Igreja para que mude a disciplina do sacramento, e nem um tolo pode deixar de entender a persistente campanha que se está a fazer para convencer os fiéis de que, na realidade, a confissão vocal não é indispensável para o perdão dos pecados graves.

Não deveis ter muitas ilusões em relação a uma suavização da disciplina do sacramento para facilitar as coisas e não impor aos fiéis a humilhação de dizer os seus pecados. A acusação vocal dos pecados pertence à essência do sacramento: assim o definiu Trento, e assim tem sido sempre o sentir da Igreja. Devo pedir-vos que não vos escandalizeis, como acontece hoje com alguns, de mencionar Trento, porque foi um grande Concílio, e nele se definiram pontos de doutrina extremamente importantes. Estes pontos são tão firmes que nem mesmo o Papa, com todo o poder espiritual que tem por ser o Vigário de Cristo pode modificá-los. E não pode porque esse tipo de declarações dogmáticas feitas solenemente por um concílio ecumênico e aprovadas pelo Papa vinculam a infalibilidade pontifícia, porque elas mesmas são infalíveis. Compreendereis que dizer que o Papa é infalível não equivale de modo algum a dizer que pode fazer tudo o que lhe apetecer.

---

1 João Paulo II. Exortação apostólica pós-sinodal *Reconciliatio et Pœnitentia*.

Por outro lado, o Concílio Vaticano II apoia-se, como não podia deixar de ser, no de Trento; o que sucede é que há quem queira fazer dizer ao Vaticano II o que nunca foi dito nele.

Pareceu-me oportuno dizer-vos isto porque hoje se está a fazer uma pressão muito forte sobre a Igreja e uma campanha muito intensa junto dos fiéis para mudar o que ninguém pode mudar. Hoje está à flor da pele uma espécie de estranho sentimentalismo em relação ao homem que tende a "libertá-lo" de tudo o que seja difícil para o seu orgulho ou a sua comodidade. Não façais caso dessa curiosa literatura sócio-clerical, de tom pedante (quer dizer, aparentemente científico ou teológico), que a gente simples toma por profunda, e que, sob pretexto de "voltar às origens" (por razões pastorais, como é óbvio), está a difundir erros graves e afastando os fiéis do sacramento da confissão. Tudo isso de que "o perdão sobe da comunidade", porque "na comunidade surge o perdão que vem de Deus, e que vem transmitido através do representante da comunidade, que é o presbítero" (desde quando?), e de que, "enquadrada nestes termos, a penitência é maximamente comunitária", e tudo o mais no mesmo estilo; e por pontificar que a confissão vocal dos pecados — quer dizer, a disciplina do sacramento tal como está indicada e vigente — ficou ao nível dos que "não superaram ainda psicologicamente um trauma espiritual". Tudo isso, digo, é puro palavreado. Também não é menos disparatada a afirmação de que a confissão sacramental, com a conseguinte objetivação e "despersonalização das relações sacramentais" faz desaparecer "o nível comunitário-eclesial". Ficaríeis assombrados, e creio que também perplexos, se copiasse dos jornais outros parágrafos deste gênero. Nem sequer a aparente profundidade das expressões pode ocultar contradições tais como a de que a acusação pessoal dos pecados despersonaliza. Será que o que talvez salvaguarda a personalidade é a massificação da confissão, se bem que seja uma massa modesta e reduzida, como a comunidade eclesial constituída por um grupinho em alguma igreja?

Opino que vos é útil, e mesmo necessário, ter ideias claras acerca deste assunto. Por mais que vos digam, de palavra ou por escrito, que a confissão geral que se reza ao começar a missa, ou que as fórmulas que se recitam num ato penitencial (ainda que sejam seguidas da absolvição do sacerdote), são suficientes para a remissão dos pecados graves, não acrediteis. Poderá ser um processo fácil e suave, mas não salva, e é tão inútil por si para perdoar o pecado mortal com o xarope para curar uma perna fraturada. Na verdade, não posso deixar de perguntar-me o que há, ou quem está por trás de todos os que vêm repetindo, como instrumentos de uma orquestra que seguem docilmente a batuta do diretor, os ataques ao sacramento da confissão em nome da necessidade de uma revisão da "praxe tradicional" cujo abandono postulam em benefício de "novas fórmulas comunitárias e de compromisso social". Posso compreender que vos deixeis enganar, porque é um bom pretexto para se evadir de algo que é intolerável para o egoísmo e para a soberba; posso compreender também que haja quem invente e difunda tais ideias em tal linguagem. O que me é difícil de digerir é que tudo isto vá prosperando e abrindo caminho na mentalidade dos fiéis sem quase ouvir um protesto.

Deveis saber, pois, que a confissão, isto é, a acusação oral e secreta ao sacerdote de todos os pecados mortais cometidos desde a última confissão válida, é necessária para a sua remissão. De todos os pecados graves, em número e em espécie, e com as circunstâncias que modificam a espécie (não é a mesma coisa dizer que se roubou um objeto no valor de dez mil escudos que esclarecer que se roubou uma píxide que estava no sacrário). Claro que há casos em que a Igreja exime desta grave obrigação, mas são casos perfeitamente definidos. Assim, por exemplo, o sacerdote pode absolver coletivamente — sem acusação prévia dos pecados — os passageiros de um avião que está a cair, ou os de um barco que se está a afundar, ou dá-la a um moribundo que já mal consegue respirar, mas que, no entanto, dá sinais de contrição. Mas ainda assim, e se escapam da catástrofe ou da doença, devem fazer obrigatoriamente a confissão completa perante um sacerdote, do modo estabelecido..., se realmente querem o perdão dos pecados.

Talvez vos ocorra objetar-me que a confissão não é, apesar de tudo, indispensável, posto que um ato de perfeita contrição perdoa todos os pecados sem que se tenham referido ao sacerdote para receber a absolvição. E é certo, mas com a condição de que seja contrição e de que seja perfeita. Vou procurar explicar-me.

Se lestes um romance de Graham Greene intitulado *Brighton Rock*, talvez recordais o protagonista, Pinkie, um jovem de classe humilde e católico que é chefe de um bando de *gangsters*. Acusado por um bando rival, consegue esconder-se numa garagem; sabe que se os seus perseguidores o apanham, o matarão. E como ainda não esqueceu de tudo o que aprendeu quando menino, dispõe-se a morrer bem, e procura fazer um ato de contrição. Sucede, no entanto, que sempre que o começa, o tem de interromper por um ruído, por uma voz que o faz pensar logo nos seus perseguidores, e continuamente se distrai. Por fim, consegue concentrar-se, e quando chega ao "por serdes vós quem sois, e porque vos amo sobre todas as coisas", uma vozinha interior lhe diz: "Mentira. Tu o que tens é medo do inferno, um tremendo pânico a condenares-te. Isso é atrição e não serve". Por fim, passa o tempo e sai à rua, contente de ter escapado com vida…, mas sem ter podido conseguir fazer um ato de contrição.

A moral que se depreende deste episódio é muito real. Para que haja contrição é necessário um grande amor a Deus, pois contrição é a dor que nasce de ter maltratado a quem tanto nos ama e ter ofendido de maneira inqualificável a quem deu a vida por nós. Porque lhe queremos, dói-nos muito tê-lo feito sofrer. Mas quando se vive habitualmente sem que Deus nos interesse nada, ou importando-nos muito pouco com Ele, é provável que num momento de dificuldade o amemos tanto que nos doa a alma de puro amor? Concordareis que não é fácil, a não ser por uma graça muito especial de Deus. E essa, pode alguém garanti-la? Por outro lado, não se trata de repetir uma fórmula; o ato de contrição não consiste em repetir umas palavras, porque ou estas são a expressão de uma atitude sincera ou são apenas ar, sons que não significam nada.

Mas, enfim, dado que seja a contrição, deve ser perfeita. E não o é se não vem unida ao firme propósito de confessar os pecados graves a um sacerdote tão depressa quanto seja possível. Compreendereis que se a dor dos pecados é tão poderosa que os possa apagar, muito mais o será para mover o pecador a confessá-los do modo devido. Convém que saibais isto: uma dúzia de atos de contrição não perdoam os pecados quando se pode recorrer ao sacerdote, porque na realidade, como vimos, não existiria tal contrição, pois podendo confessar o pecado não se recorre ao sacramento.

Um documento recente (*Orientações e normas litúrgico-pastorais sobre a Sagrada Comunhão e o culto Eucarístico fora da Missa*, 1973), depois de recordar que a Igreja manda que "ninguém, consciente de pecado mortal, ainda que pareça estar contrito, deve aceder à Sagrada Eucaristia sem antes se confessar sacramentalmente", acrescenta: "E só se urge necessidade e falta confessor deve fazer-se um ato de perfeita contrição com o propósito de confessar pormenorizadamente e a seu devido tempo os pecados mortais que agora não pode confessar."

Na verdade, tudo isto dá às vezes a impressão de que se quer salvar a face sem baixar a cerviz, e, a mim, isto não me parece jogo limpo. Nem também a vós — creio-o bem — se o pensais com honestidade.

A Redenção conseguiu-nos a graça perdida, mas não modificou a natureza. O homem, pelo pecado original, rejeitou um dom gratuito; depois da Redenção, esse dom deverá ser desejado, querido e procurado pelo homem, se, de verdade, o quer possuir de novo. Foi-nos devolvido, está ao alcance da mão, mas o homem deve aproximar-se, estender o braço, agarrá-lo. Não se nos concede como foi concedido uma vez em Adão, como uma oferta. Agora Deus só o dá (se me posso exprimir assim) com a licença do homem, o que equivale a dizer que o homem pode rejeitá-lo positivamente ou, sem chegar a tanto, abster-se até do mínimo gesto para se aproximar dele. Ou pode desejá-lo com tanto empenho que está disposto a pagar qualquer preço para o recuperar.

Procurarei esclarecê-lo mediante uma imagem, e, embora não esteja muito certo de que seja apropriada, talvez seja suficiente para vos dar uma ideia. Imaginai um homem no fundo de um poço profundo, de paredes tão perfeitamente lisas que é completamente impossível sair por seus meios. Pode, evidentemente, gritar pedindo ajuda, mas também pode sentar-se e até entreter-se vendo o movimento das lagartixas ou as irisações que provoca no lodo a luz do sol ou da lua. Creio que se quiser sair tem de pedir auxílio, porque talvez alguém o ouça e lhe atire uma corda. Mas, mesmo assim, ele deverá amarrá-la ao corpo, agarrá-la fortemente com as duas mãos, ainda que se esfolem, apoiar-se, fazendo alavanca com os pés sobre as paredes resvaladiças do poço e voltar a tentar de novo cada vez que o pé deslize. Se não pedir ajuda, ou se quando lha dão não a acolhe, ou se logo que sente a incomodidade do esforço o deixa, ou se à primeira escorregadela desiste, então é que o seu interesse por sair da escuridão do poço para a claridade do sol não é bastante sério para arriscar-se a sofrer algumas fadigas ou incomodidades.

Bem, digamos que a corda vem a ser, aqui, o sacramento da confissão. Parece que a incomodidade dos homens de hoje radica na humilhação que experimentam ao mostrar ao vivo a sua própria sujidade, ainda que seja apenas ao confessor no sacramento. Creio que aqui reside todo o cerne do assunto. Muitas vezes me tenho interrogado por que se considera humilhante dizer os pecados a um sacerdote e, pelo contrário, ninguém vê humilhação em dizer não só as mesmas coisas, mas até os sonhos, e sem dúvida com muitíssimos mais pormenores, a um psiquiatra ou a um psicólogo. Por outro lado, nunca observastes que o psiquiatra é o sucedâneo do confessor onde quer que não exista o sacramento ou a fé desapareceu?

Tem uma explicação que Santa Teresa formulou muito claramente e com a simplicidade e ausência de artifício e empolamento que são características da sabedoria. Toda alma, por mais santa que seja — dizia —, necessita de um desaguadouro. E vede como a confissão, o lançar fora o que levamos dentro e nos oprime ou angustia, ou atormenta, é profundamente humana. Nada oprime, atormenta ou angustia mais do que o pecado, porque o pecado é o mal. Os psiquiatras, psicólogos e psicanalistas poderão, talvez, conseguir dos seus pacientes sublimações ou a superação dos complexos; mas todos juntos não podem perdoar um só pecado, nem fazê-lo desaparecer da alma do seu paciente.

E aí tendes também por que o sacramento provoca essa espécie de vergonha no penitente: enfrenta a santidade com o mal, e o mal está do lado do homem, que na confissão tem como ponto de referência Deus, mas apenas outro homem na consulta psiquiátrica. O que em que face do sacramento *é* uma monstruosidade, fora dele *aparece* muitas vezes unicamente como um fenômeno natural, porque carece da referência onde pode ver-se tal como é.

Por isso a confissão vocal dos pecados corresponde já a um ato de penitência com que começa a reparação. Ir ao sacerdote, abaixar a cabeça, engolir o orgulho e o amor-próprio e acusar-se dos pecados um a um, essa é a expressão da sinceridade e autenticidade do aborrecimento do pecado. É humilhante, sem dúvida. Mas só até certo ponto, e além disso é justo que assim seja. O pecado é sempre um ato de soberba e egoísmo. De soberba porque uma pessoa, ao desobedecer e ofender a Deus, imita bastante bem o demônio, que se negou a servir o seu Criador; ou a Adão, que quis ser como Deus e não se resignou a ser inferior. De egoísmo porque com o pecado se procura a própria satisfação e não lhe interessa absolutamente nada o mal que faz (e todo pecado é sempre um mal para os outros, ainda que não se perceba de um modo sensível. Aumenta a maldade no mundo). Então é justo que o homem passe pela humilhação e um mau bocado: a humilhação é o corretivo da sua soberba, e um mau bocado, o do seu egoísmo.

Dizia-vos que é humilhante, mas só até um certo ponto; porque a partir desse ponto não é humilhante, mas enaltecedor e fonte de alegria. Dá-nos vergonha confessar o nosso pecado, entre outras razões porque nos faz cair do pedestal sobre o qual julgávamos estar e sobre o qual imaginávamos (erroneamente, em geral) que os outros nos têm, e até esse ponto chega a humilhação. Uma humilhação que nos põe em condições de nos levantarmos e continuar a andar, e isto enaltece, porque dá a medida da hombridade: o que perde deve pagar; depois de saldada a dívida pode-se, já sem lastro e com a alma ligeira, retomar o seu caminho para Deus.

Chega-se ao sacramento com a morte na alma e sai-se com vida eterna, depois de deixar o peso mortal que aniquila toda a alegria sobre a cruz de Cristo. Só quem experimentou o que é uma boa confissão sabe o gozo e a alegria com que se sai do sacramento, porque tem a experiência de ter passado da escuridão para a luz, da morte para a vida; e, neste aspecto, há um fundo de verdade nestes versos de Lope de Vega:

> *Hoje volto a ser; porque o homem como pode ser sem Deus?*

Senti, mais de uma vez, um tremendo respeito pela coragem de homens de verdade que, sem nenhuma espécie de compaixão sentimental por si mesmos, desfiaram com toda a clareza os seus pecados, acusando-se deles com a firmeza e convicção do que se sabe culpado. Mas não me senti particularmente impressionado pelos que dizem o mesmo, mas vagamente e com acompanhamento de explicações, atenuantes, desculpas e justificações. E obviamente deixam-me frio os que, para se não humilharem, tentam convencer-se de que as novas teorias modificaram e tornaram inútil o sacramento; ou protelam a confissão com a esperança de que um dia a Igreja os dispense deste aborrecido "trâmite", ou simplesmente negam a sua responsabilidade baseados em condicionamentos psicológicos ou motivações do tipo sociológico; ou os que não aceitam que possa ser pecado o que a eles lhes parece bem.

Reconheço que confessar-se não é tarefa agradável, exceto para os que tomam muito a sério a santidade de Deus; porque a estes, o amor a Deus impele-os a lavar as suas nódoas, por pequenas que sejam, e a purificar-se com o sangue de Cristo. Mas devo dizer-vos que a frequência da confissão, ainda que não haja pecados graves, não é um esporte ou uma mania dos profissionalmente piedosos. Ao fim e ao cabo, nenhum de nós espera ter nódoas de tinta ou de sujidade para se lavar. Pode-se não ter nódoas e cheirar mal de pura sujidade. Por outro lado, também nem todos os que intervieram na Paixão de Cristo o crucificaram; houve os que só o esbofetearam, ou lhe cuspiram na cara, ou o afrontaram zombando dele ou batendo-lhe com uma cana, e concordareis comigo que a coisa tem a sua importância. E se um pecado grave vem a ser, suponhamos, crucificar Cristo, um pecado venial deliberado correspondia a uma bofetada. Julgais que é um disparate? E não me venhais com o "eu não fiz mal a ninguém", porque, como recordava Newman, não fazer o bem é já fazer o mal. O mal define-se como ausência de bem aí onde deveria existir. Também o pecado de omissão é pecado.

Tenho a impressão de que isto hoje não me saiu demasiado ameno, e sinto-o. De todo modo, quero que saibais que a minha intenção não foi assustar-vos, ainda que Deus me livre de vos enganar com falsificações da verdade para não vos intranquilizar e impedir que desfruteis da juventude. Neste ponto creio preferível um bom susto a tempo que uma série de mentiras piedosas cujo resultado seja deixar-vos morrer como cães, ou ter que falar-vos sem disfarces quando o tempo e o estado físico mal deixam margem para a retificação. Li no *Guia de Pecadores*, de Frei Luís de Granada, um texto de Santo Isidoro de Sevilha que me pareceu muito significativo e capaz de fazer pensar: "O que queira à hora da morte estar certo do perdão, faça penitência quando está são, e então chore as suas maldades; mas o que tendo vivido mal faz penitência à hora da morte, esse corre um grande risco, porque assim como a sua condenação é incerta, assim a sua salvação é duvidosa".

Sem dúvida estas palavras são duras e soam muito fortes. Mas — observava Santo Agostinho — quando alguém deixa a penitência (no sentido de arrependimento) para quando já não pode pecar, então é ele que abandona os pecados, ou pelo contrário, são os pecados que o abandonaram a ele? O seu abandono do pecado dá-se porque quer, ou é porque já não pode? É uma conversão para Deus por consideração para com Ele, ou por impotência para pecar? Isto não soa a essa hipocrisia que se diz que abominais tanto?

Asseguro-vos que o perdão dos pecados não se pode levar a brincar, porque jogamos com toda a eternidade, e isso é uma coisa muito séria. Só Deus pode perdoar os pecados, e Ele depositou este poder na Igreja: "Àqueles a quem perdoardes os pecados, ser-lhes-ão perdoados; àqueles a quem os retiverdes, ser-lhes-ão retidos" (Jo 20, 23). Pelo amor de Deus, por amor às vossas próprias almas, ouvi a Jesus Cristo que fala por boca da Igreja no seu Magistério infalível. Ela é a única intérprete legítima da Palavra de Deus, e esta palavra é a única que vos pode salvar. O que não vos salvará são as palavras de homens que ensinem coisa diferente do que a Igreja ensinou. Não, não vos salvarão, ainda que transbordem de sociologia, psicologia e pastoralismo por todos os lados.

IX. COMO ANJOS DE DEUS

Não eram só os fariseus os que costumavam armar ciladas dialéticas a Jesus para ver se o conseguiam fazer tropeçar. De vez em quando eram ajudados pelos saduceus, outro dos grupos influentes de Jerusalém. Os saduceus não acreditavam na ressurreição dos mortos, de modo que para eles tudo começava e terminava praticamente aqui.

Com esta mentalidade não se sentiam muito inclinados ao ascetismo e à penitência, e, com efeito, gozavam de certa fama de homens que se adaptam bem às circunstâncias e sabiam tirar delas partido. Não eram escrupulosos na observância de preceitos e tradições dos antigos, nem rigorosos na interpretação da lei, e até se davam bastante bem com os romanos, sem o zelo nacionalista dos fariseus.

Pois bem, ainda que não tão interessados como os fariseus, eles também entraram na liça alguma vez. Como um dos assuntos em que a sua divergência com os fariseus aparecia mais acentuada era referente à ressurreição, orientaram a sua pergunta neste sentido. São Marcos (12, 18-23) narra-o assim:

> Foram ter com Ele os saduceus, que negam a ressurreição e interrogaram-no, dizendo: "Mestre, Moisés deixou-nos escrito que, se morrer o irmão de algum e deixar a mulher sem filhos, seu irmão tome a mulher dele e dê descendência a seu irmão. Ora, havia sete irmãos.

> O primeiro tomou a mulher, e morreu sem deixar filhos. O segundo tomou-a, e morreu também sem deixar filhos. Da mesma sorte o terceiro. Nenhum dos sete deixou filhos. Depois deles todos morreu também a mulher. Na ressurreição, pois, quando tornarem a viver, de qual deles será a mulher? Porque os sete a tiveram por mulher."

Observareis que os saduceus não puseram diretamente em questão se havia ou não ressurreição. Simplesmente expuseram um problema como para demonstrar as complicações que se iriam organizar no caso de haver efetivamente uma ressurreição dos mortos, como se quisessem desautorizar o Senhor — e de passagem os fariseus — pela via do humor, fazendo uma pergunta que sugeria uma situação engraçada que causava riso só de imaginá-la. Os fariseus, com todos os seus defeitos, eram mais profundos e tomavam mais a sério as coisas sérias.

Jesus respondeu às duas coisas: à questão proposta e à questão implícita (a ressurreição). Mas hoje vamos ocupar-nos somente da resposta à primeira questão, porque me parece que as suas palavras constituem o princípio de um conjunto de reflexões sobre um tema que hoje é muito atual, mais que pela sua própria entidade (que a tem), pela desmesurada importância que se lhe concede, uma importância tão desorbitada que raia a obsessão.

Esta resposta vamos tomá-la de São Lucas (20, 34--36), onde está mais explícita e desenvolvida:

> Jesus disse-lhes: "Os filhos deste século casam e são dados em casamento, mas quanto aos que forem julgados

> dignos do século futuro e da ressurreição dos mortos, nem os homens desposarão mulheres, nem as mulheres homens, porque não poderão jamais morrer; porquanto são semelhantes aos anjos, e são filhos de Deus, visto serem filhos da ressurreição."

"Este século" e "século futuro" equivalem, respectivamente, a este mundo, mortal e perecedeiro, e ao outro mundo, em que já não há morte nem fim; à vida temporal e à vida eterna. Pelos vistos, há um gênero de relações humanas que só têm objeto e sentido em função da reprodução da vida, dentro das condições estabelecidas por Deus na criação e atendida a sua finalidade última pelo que se refere aos homens e ao mundo.

Esta finalidade última é a ressurreição. Quando já não se puder morrer, nem os homens desposarão mulher e nem as mulheres marido, porque a reprodução da vida humana já não terá nenhum objeto. Mas neste mundo, enquanto há morte, a perpetuação da espécie é necessária, e para esta função existe o ato sexual, porque este foi o meio que Deus determinou para trazer novas vidas ao mundo. E isso durará até que o número dos escolhidos esteja completo, porque então já não haverá mais mundo, e as coisas de antes serão passadas. O prazer que acompanha a união sexual do homem e da mulher não é, portanto, um fim, como não o é o gosto que se experimenta quando se sacia a fome ou a sede. É antes, podemos dizer, o incentivo que ajuda a natureza a cumprir a sua finalidade.

Mas esta finalidade só pode cumprir-se no casamento. A ele se referia Jesus, com efeito, e não a qualquer acasalamento sexual. Uma pessoa não é simplesmente um animal, e os filhos não são como os vitelos, por exemplo, que poucos dias depois de nascer podem valer-se por si mesmos. Quando uma pessoa nasce tem necessidades que só podem ser satisfeitas com uns pais, num lar estável. Não são só cuidados físicos de que necessita; tem de aprender tudo, desde falar até conhecer. São necessários muitos anos e muita dedicação para fazer de um bebê um homem completo, e para isso é necessário querer-lhe muito, porque durante longo tempo os bebês são uma carga incômoda e, por vezes, até tirânica. Claro que não é difícil querer-lhes, sobretudo quando são o fruto do amor dos pais; eles, as crianças, são então a personificação deste amor. Quando não é assim, quando são apenas um subproduto não desejado, mera consequência de um descuido na união sexual, por vezes não se lhes quer suficientemente, e até se tem dito que, mais do que criar filhos para o céu, criam-se candidatos para a delinquência juvenil.

O casamento, como sabeis (ou pelo menos, como deveis saber), é a união de um homem com uma mulher até que a morte os separe. Se há matrimônio, existe um laço de união entre ambos que só a morte os pode desatar, pois o que Deus uniu ninguém pode desunir. E até tal ponto o casamento está orientado primordialmente para a reprodução — quer dizer, para os filhos — que se um homem e uma mulher se casassem com intenção de não os ter (mas sem renunciar ao ato conjugal), então esse casamento seria nulo; melhor, não haveria matrimônio.

Compreendereis que, sendo assim a natureza das coisas, quando se despoja da sua finalidade própria a relação sexual, esta relação carece de objeto próprio e de sentido. "A vontade afrodisíaca — disse-se — é a exaltação que não realiza nada." Fora do casamento tal relação fica num simples desejo de posse ou de prazer físico. E não é nada, porque em si mesma é estéril: só um prazer ou um desejo inútil que, com efeito, não realiza nada. "Estas delícias e esta sublimidade vulgar, este paraíso barato, representam no momento a afetividade superlativa, o centro do universo e da eternidade..., e de repente, a bagatela mais irrisória." O resultado é apenas decepção, intimidade sem amor e morte paulatina da sensibilidade espiritual.

Pelo contrário, é dentro da ordem natural estabelecida por Deus, é no matrimônio que a união sexual adquire uma nobreza e uma dignidade que engrandece o homem e a mulher, porque os converte exatamente em colaboradores de Deus e participantes de certo modo do seu poder criador para trazer novas vidas ao mundo: para que se vá completando o número de eleitos, dos que sejam "julgados dignos de participar na ressurreição dos mortos".

Naturalmente, é o amor que leva um homem e uma mulher a unirem-se por toda a vida. Porém, o que os encaminha para um acasalamento ocasional não é o amor, mas o desejo, em suma, um estado emocional ou sentimental, transitório como toda emoção ou sentimento, e que alguma vez se definiu como "amor de romance e café-concerto". Quando é amor, amor que é querer, esse é para toda a vida: na juventude e na velhice, na saúde e na doença, nos bons e nos maus momentos. Não só há entrega, mas consciência do que se entrega e decisão deliberada de a manter dia a dia, quaisquer que sejam as circunstâncias. O amor, então, não depende de estados sentimentais ou de passageiros ataques de paixão; é algo muito mais profundo, firme e estável; algo mais sólido do que a momentânea excitação do instinto, porque é uma união de dois seres em ordem à realização de uma tarefa em comum que os ultrapassa e continua, e que dura a vida inteira.

Só neste contexto é límpida a união sexual, e a isso tendia, segundo creio, a insistência com que se vinha ensinando desde há muito tempo o perigo dos pecados da impureza.

Foi nos anos 40, se não estou enganado, que se começou a estender a corrente que considerava deformadora e excessiva a pregação dos sacerdotes contra esta espécie de pecados. Parece — dizia-se — que o sexto mandamento é o mais importante de todos, se não o único, e esquecem-se, como se não tivessem importância, pecados mais graves, tais como as injustiças ou a falta de amor ao próximo. Devo confessar-vos que também eu caí nesta armadilha propagandística durante uns meses, até que reparei em dois pormenores.

O primeiro foi que toda a insistência sobre os pecados de impureza não derivava de que fossem considerados os mais graves, mas de que eram os mais frequentes, por serem os mais fáceis de cometer, os que maior prazer proporcionaram e os que menos desonravam, porque se cometiam ocultamente (refiro-me a tempos atrás). Não havia necessidade, e menos ainda urgência, de pregar contra os incêndios das searas do vizinho, os assassinatos ou os roubos à mão armada, embora fossem por motivos políticos. Que prazer proporciona a blasfêmia? E o homicídio? Cometer um assassinato é um embaraço de tal categoria que muitíssima gente vive até o fim da sua existência sem o ter experimentado; não é nada que apeteça ou que faça divertir-se.

Em segundo lugar, o pecado contra a impureza é *também* um pecado contra a justiça. O adultério é uma maldade em que a injustiça e o mal feito à mulher (ou ao marido) e aos filhos é tão evidente que não vamos desperdiçar palavras para o explicar. E entre pessoas solteiras, com que direito se toma o que não é seu? "Deixará o homem a seu pai e a sua mãe e unir-se-á a sua mulher, e serão dois numa só carne." Com a sua mulher, não com outra. E uma mulher pertence a um homem quando Deus lha dá em casamento; e se não, não. É uma *injustiça* despertar a sensualidade de outra pessoa, porque isso é corrompê-la, e então ter-se-á de responder diante de Deus também, talvez, por uma longa cadeia de pecados que derivaram daquele primeiro ato. Não é justo matar uma alma.

Infelizmente, hoje substituiu-se o ensino da castidade pela "educação sexual". Não me importa dizer-vos que me incomoda a expressão, e se significa o que exprime, incomoda-me, além disso, o seu conteúdo. O sexo, ao fim e ao cabo, não é a única coisa, nem a mais importante da vida da pessoa. Um cristão necessita de ser educado cristãmente, não sexualmente; porque uma educação verdadeiramente cristã lhe ensinará também quanto tem que saber sobre o sexo e a sua função segundo a doutrina de Jesus Cristo, não segundo a opinião de peritos.

Suponho que a educação sexual nasceu para evitar deformações malsãs, ou que a ignorância de fatos ou verdades repercutissem de modo desastroso na vida das pessoas, ainda que devo dizer-vos de que não estou muito certo disso. Vereis por quê.

Para já, não acabo de compreender como se insiste tanto na educação sexual enquanto é tão escassa a atenção que se concede à educação moral, à educação nas regras mais elementares de convivência (urbanidade, se lhe chamava pelos anos 20), à educação da vontade, à educação da liberdade, à educação da sensibilidade ou à educação da razão, para que se aplique com retidão ao seu objeto (a verdade). Saber muito, ou saber tudo, acerca da sexualidade, não torna melhor a quem tem uma vontade tão débil que se entrega sem luta às primeiras impressões, ou a quem já se tornou incapaz de saber o que está bem ou o que está mal; ou a quem carece de responsabilidade até o ponto de ignorar o que é delicadeza e respeito face à intimidade alheia ou à própria.

Por outro lado, a obsessão sexual (em qualquer sentido e direção) chegou a tais extremos em inquéritos pseudocientíficos e em inúmeras publicações e anúncios, que o mínimo que se pode fazer é evocar aqui um texto de Gustave Thibon: "Quando leio certos autores, produzem-me a repugnante impressão de homens que caminham com as entranhas nas mãos".

Não é difícil observar hoje, mesmo sem querer, que andam muitos por aí exibindo as próprias entranhas.

Não me refiro apenas a esse tipo de autores que necessitam de empapar em sexo a mais simples narração, aos que pensam que, sem erotismo, qualquer obra literária é insípida e sem interesse. Causa verdadeiro assombro ver como é possível que existam imaginações tão porcas; um assombro que só é comparável ao que produz a verificação de como pode desaparecer tão completamente o sentido do pudor. Refiro-me também à exibição em público e em lugares públicos de quanto, por ser íntimo (independentemente de que seja ou não lícito), só na intimidade se deve manifestar; à desconsideração de converter pastelarias, cinemas, praias, jardins, parques de estacionamento ou ruas em lugares proibidos para quem ainda não conseguiu "superar" certa delicadeza que os faz sentir contrafeitos ante efusões afetuosas — chamemos-lhe assim — de casais que, pelo visto, sentem uma urgência incontrolável de exteriorizar os seus sentimentos amorosos; do insulto à liberdade alheia que significa impor aos demais cenas cuja contemplação não têm por que suportar, pois têm direito a que os lugares públicos não se convertam em algo diferente do que são.

Numa reportagem pseudocientífica sobre educação sexual, publicada no suplemento dominical de um jornal, li um elogio dos países nórdicos, "pioneiros da desmitificação da sexualidade". Pelo tom, parecia que aquilo que se chama "o Ocidente" lhes seria devedor. Devedor, talvez, em ter animalizado o sexo até o ponto de o ter despojado de tudo o quanto tem de humano? Ou porventura de lhes ter oferecido em holocausto o pudor, a decência, a intimidade, o respeito, a honra e a família em aras do mais inútil e banal ato de egoísmo? Um autor chegou a escrever (e a assinar) que "as estruturas sociais estão escandalosamente atrasadas em relação às exigências do amor livre". Provavelmente, haveria que apelar às degeneradas estruturas dos países da antiguidade na sua época de máxima corrupção para encontrar um modelo satisfatório. E como os cães e os gatos e todos os outros bichos se arranjam para fazer as suas coisas como é devido sem que ninguém os tenha educado sexualmente, está hoje a constituir para muitos um verdadeiro mistério.

Tudo isto é como esterco. Eu não sei que resultados se terão obtido aqui nestes últimos anos a partir do momento em que se iniciou a "educação sexual". Receio que não foram muito bons. Talvez se tenha conseguido um bom avanço em evitar as repressões. À força de tratar todo este assunto como pura biologia, tudo tão natural e inocente, e tão bom, e tão disposto pela natureza, e o amor, e tudo o mais, uma parte da juventude sexualmente educada comete agora esta espécie de pecado tão candidamente que depois vão comungar. Claro, ensinaram-lhes que quando estas coisas se fazem por "amor" não são pecado; só há pecado quando se fazem por erotismo. E quem é tão imbecil que vá fazer pecaminosamente por erotismo o que lhe dizem que pode fazer inocentemente por "amor"? Procura-se ensinar que o que é mau é a repressão. Mas reprime-se o cão que faz certas coisas inocentes, naturais e necessárias no tapete da sala de estar; reprime-se o menino violento que tem tendência de brigão; reprime-se o folgazão que quer viver à custa do trabalho dos outros; reprime-se o dissoluto e o toxicodependente. Ou pelo menos, devem ser reprimidos, se se quer reformá-los. "É porventura tão saboroso esse fruto que comes todos os dias, que se te faz tão necessário como o ar e ao qual sacrificas tantas possibilidades santas que dormem em ti? Não. É resseco, insípido, apodrece na tua boca. Mas é mais fácil de colher. Está pendurado do ramo mais baixo!" (Thibon).

Às vezes tenho a impressão de que a intenção é destruir as gerações novas. Enganam-vos, abusando da vossa ignorância e explorando a vossa juventude, todos esses pseudocientistas com o seu pedante charlatanismo; enganam-vos sobre as "relações pré-matrimoniais", sobre o bem que é para a saúde física e o equilíbrio mental desafogar-se sexualmente com certa periodicidade, e ainda sobre a licitude do pecado solitário etc. Toda esta suja literatura é o meio cuidadosamente (ou diabolicamente?) concebido, sabiamente dosificado e magistralmente propagado para corromper a imagem de Deus que é o homem.

Neste aspecto, a ofensiva contra a mulher a que estamos assistindo é realmente formidável. A mulher, pela sua própria natureza, é o coração da família, a primeira (e mais profunda) educadora dos filhos, a que mantém a unidade do lar quando tudo o mais desmorona. A degradação da mulher é o caminho mais seguro e eficaz para acabar com a família, e os êxitos obtidos neste ponto são, certamente, notáveis. Conseguiu-se destruir o seu pudor e a sua modéstia (alguém disse que eram tabus e acreditaram-no); conseguiu-se animalizar, reduzindo-as a pura biologia, as relações mais íntimas que podem existir entre o homem e a mulher, despojaram-nas da sua delicadeza, da sua profundidade, do seu mistério. E se hoje já quase em nenhum local (refiro-me aos países que se chamam civilizados) se respeita a mulher, é porque ela, ao renunciar ao pudor, começou por não se respeitar a si mesma. Creio que para isso contribuiu bastante toda essa vaga de literatura sexual, qualificada já por Pio XII de *pornografia branca*, onde se explica com todo tipo de pormenores, com desenhos e fotografias, em edições baratas e de luxo, não só o indispensável, mas inclusive o acessório e inútil, e até todas as aberrações sexuais minuciosamente descritas e ilustradas. Claro que com tudo isto se conseguiu fazer perder as "inibições" em obras e palavras, essa espécie de inibições que antes só se perdia se se estava bêbado.

Isto é o que eu vejo e conheço. Já sei que o ambiente geral disfarça todas estas coisas, mas o que o mundo de hoje, a sociedade permissiva, técnica, de consumo, ou como queirais chamar-lhe, opine, não me importa muito. Importa-me o que é bom aos olhos de Deus. E para o caso de não vo-lo terem ensinado, devo esclarecer-vos sobre algumas coisas que a esse respeito a Igreja tem vindo a ensinar como doutrina de Cristo.

Sempre que há relações sexuais fora do matrimônio há fornicação, qualquer que seja o pretexto que se esgrima. O marido com a *sua* mulher, e a mulher com o seu marido, e do modo devido, segundo a natureza: isto é o que é lícito, bom e santo. "Não sabeis que os vossos corpos são membros de Cristo? Tomarei, pois, os membros de Cristo e fá-los-ei membros de uma prostituta? De modo nenhum. Não sabeis que o que se junta com uma prostituta, se torna um mesmo corpo com ela? Porque foi dito: serão os dois uma só carne. Ao contrário, o que está unido ao Senhor é um só espírito com Ele. Fugi da fornicação. Qualquer pecado que o homem comete é fora do seu corpo; mas o que comete fornicação, peca contra o próprio corpo. Porventura não sabeis que os vossos membros são templo do Espírito Santo, que habita em vós, que vos foi dado por Deus, e que não pertenceis a vós mesmos?" (1 Cor 6, 15-19). Assim escrevia São Paulo; somos templos de Deus, e o corpo está santificado pelo batismo, que o fez morada do Espírito Santo. O pecado de impureza tem algo da profanação do santo.

"Porque esta é a vontade de Deus, que vos santifiqueis; que eviteis a impudicícia, que cada um de vós saiba possuir o seu corpo em santidade e honra, não nas paixões desregradas como fazem os gentios, que não conhecem a Deus, e *que ninguém oprima ou engane o seu irmão nesta matéria*, porque o Senhor é vingador de todas estas coisas, como já vos dissemos e atestamos. Em verdade, Deus não nos chamou para a impureza, mas para a santidade. Aquele, pois, que despreza isto, não despreza um homem, mas Deus" (1 Ts 4, 3-6). Receio bem que estes ensinamentos tão claros estejam ausentes dos programas de educação sexual.

E, no entanto, deveriam dar-se a conhecer. Sabeis por quê? Porque estes textos — e alguns outros que não cito, porque já me alonguei demasiado — mostram que a castidade é a educação do instinto sexual. Não a *repressão*, mas a *educação*. Garanto-vos que o sexto mandamento não é uma arbitrariedade caprichosa; compreendereis que seria insultar a Deus pensar que pudesse dar mandamentos sem motivo nem sentido. Precisamente o sexto mandamento está posto para preservar a beleza, a nobreza e a enorme dignidade do amor humano das degenerescências que nascem de uma vontade obliterada pelo pecado original: em baixezas, em caprichos infames, em egoísmos destruidores. Assim, a educação sexual, cristãmente entendida, não é mais que a educação do instinto, quer dizer, a educação do homem na castidade, que não é uma virtude negativa, mas muito positiva, pois consiste precisamente na afirmação da santidade do corpo. A carne é também criatura de Deus destinada à ressurreição, e como tal deve também louvar o seu Criador. Por isso dizia Santo Agostinho: "Por que segues a tua carne? Dá meia-volta, e que seja ela a que te siga a ti". A castidade vem a ser a oração do corpo.

Precisamente a consideração desta qualidade é que pode orientar-nos acerca de quando o amor é amor de verdade e não essas outras coisas que costumam usurpar — e sujar — o seu nome. A nota que dá, pelo menos em certo grau, a medida da autenticidade do amor, o que o diferencia de qualquer das suas falsificações, é o respeito. Se não se respeita a pessoa a quem se diz amar, se se lhe arrebata (qualquer que seja o título que se invoque) o que não pode, nem deve, honradamente dar; se se destrói o seu pudor, se a degrada, se é rebaixada, se se lhe pede alguma coisa que ofenda a Deus, então não se lhe tem amor. Simplesmente essa pessoa ama-se a si mesmo e utiliza, a outra para o seu próprio prazer. Na realidade, este tipo de gente não sabe amar: só quer possuir. E tudo o que deixam atrás de si são ruínas, nada que se possa recordar sem ter que envergonhar-se, só miséria moral.

E a vergonha, como o pudor ou a modéstia, não são tabus nascidos de uns costumes tão hipócritas como convencionais. São naturais, não artificiais, constituem as defesas com que a natureza mantém uma intimidade pessoal que não deve exibir-se na praça pública, ou os indicadores que assinalam uns limites que não devem ser transpostos sem causa muito grave. E também funcionam como sinais de alerta, aviso de um perigo à distância. Fareis bem em escutá-los.

Vós, os que sois jovens, constituís uma esperança para a saúde da Igreja, e, portanto, do mundo. Por isso quereria terminar dizendo-vos ao ouvido — para dizê-las assim se escreveram — umas palavras de *Caminho*: "É necessária uma cruzada de virilidade e de pureza que contrarie e anule o trabalho selvagem daqueles que pensam que o homem é uma besta. — E esta cruzada é obra vossa" (*Caminho*, 121). Oxalá a Virgem Santíssima vo-lo faça ver e vos dê ânimo para empreender este urgente trabalho de saneamento moral.

X. NÃO SABES ESTAS COISAS?

Conta São João no seu Evangelho que, uma vez, um personagem de Jerusalém foi visitar Jesus. O objetivo da sua visita, segundo parece, consistiu em averiguar a que devia ater-se em relação àquele homem de quem tantas coisas se diziam. O personagem chamava-se Nicodemos, era da seita dos fariseus e era considerado "um dos principais entre os judeus".

Não deixa de chamar a atenção um pequeno pormenor que faz notar São João ao narrar esta entrevista. Nicodemos "foi de noite ter com Jesus". Não à luz do dia, mas de noite. Sem dúvida, é possível que Jesus estivesse tão ocupado a pregar a Boa Nova que carecesse de tempo durante o dia para falar tranquilamente com um personagem tão importante. Ou talvez o personagem principal entre os judeus não quisesse arriscar-se a visitar à luz do dia aquele que, um pouco despectivamente, era conhecido como "o filho do carpinteiro", e de quem se sabia que nunca tinha ido ao templo receber os ensinamentos dos doutores da lei.

Pode ter-se dado o primeiro caso; contudo, não sei por que, tendo a inclinar-me mais para o segundo. Nicodemos tinha ouvido tais coisas de Jesus que se sentiu impelido a certificar-se pessoalmente; por outro lado, os antecedentes conhecidos — filho de Maria, a esposa de um carpinteiro de Nazaré; trinta obscuros anos passados numa aldeia isolada; sem estudos, desconhecido dos doutores da lei — não abonavam muito em seu favor. E, no entanto, quem era Amós, quando o Altíssimo o chamou para fazer dele seu porta-voz, senão um pastor inculto e rústico? Prevaleceu a prudência, porque um homem importante não podia permitir-se o luxo de uma escorregadela que o pusesse em ridículo e o fizesse aparecer como uns tantos ingénuos que acreditam em tudo. O mundo orgulhoso e fechado dos fariseus tendia a tornar os homens cautelosos. Inclusive no final da pregação de Jesus ainda anotava São João: "Todavia, mesmo entre os principais, muitos creram nele; mas por causa dos fariseus, não o confessavam para não serem expulsos da sinagoga" (Jo 12, 42).

De qualquer modo, isto não tem importância agora. É a conversa que tiveram naquela entrevista — ou melhor, uma parte dessa conversa — o que eu quereria salientar hoje. Nicodemos iniciou-a com habilidade e cortesia: "Mestre, sabemos que foste enviado por Deus, porque ninguém pode fazer estes milagres que tu fazes, se Deus não estiver com ele." Era uma afirmação que tendia a provocar o assentimento de Jesus, e até o descobrimento da sua condição de Filho de Deus e a declaração da sua missão divina. Nicodemos tomou assim nas suas mãos a direção da entrevista. Mas apenas até terminar a sua introdução.

Respondeu-lhe Jesus: "Em verdade, em verdade te digo que não pode ver o reino de Deus, senão aquele que nascer de novo". Diz-lhe Nicodemos: "Como pode um homem nascer, sendo velho? Porventura pode tornar a entrar no ventre de sua mãe e renascer?"

Mal tinha começado a conversa e Nicodemos está já desconcertado; uma simples afirmação feita por Jesus, e o homem principal entre os judeus, o fariseu culto e versado nas Escrituras, está a perguntar como uma criança. Jesus explicou-lhe:

> Em verdade, em verdade te digo que quem não renascer da água e do Espírito Santo, não pode entrar no reino de Deus. O que nasceu da carne, é carne, o que nasceu do Espírito é espírito. Não te maravilhes de eu te dizer: "É preciso que vós nasçais de novo. O vento sopra onde quer, e tu ouves a sua voz, mas não sabes donde ele vem, nem para onde vai; assim é todo aquele que nasceu do Espírito."

Nicodemos disse-lhe: "Como se pode fazer isto?" Jesus respondeu: "Tu és mestre em Israel, e não sabes estas coisas?" (Jo 3, 1-10).

Provavelmente não era este o rumo que Nicodemos teria preferido que tomasse a conversa, mas outro diferente, mais de acordo com a sua pretensão inicial. Era ou não Jesus um mestre enviado por Deus? Ou era algo mais que um simples mestre? Quais eram os seus planos? Que atitude pensava adotar em relação ao sinédrio e aos dois grupos mais importantes, os fariseus e os saduceus? Nicodemos necessitava de saber concretamente a que ater-se, necessitava estar seguro. E eis que Jesus saiu por um lado completamente inesperado, e até imprevisível. Falava-lhe de um mundo que a ele era desconhecido e em que se encontrava tão perdido como um menino numa grande cidade. Que lhe estava a acontecer? Pois ele, Nicodemos, não era um ignorante;

pelo contrário, era um homem respeitado, mestre da lei, bom conhecedor da Escritura, e além disso com ampla experiência.

Somente isto não era suficiente. Com toda a sua idade, o seu prestígio, a sua cultura e a sua experiência, no referente ao Reino dos Céus Nicodemos era, realmente, um menino que precisava ser orientado por alguém que soubesse mais. Assim lhe demonstrou claramente Jesus, que lhe disse, em suma, que em ordem ao reino de Deus não sabia por onde andar. Por outro lado, isso não tem nada de estranho, nem significa qualquer gênero de humilhação. O que não se aprende não se sabe. E como podia Nicodemos saber as realidades misteriosas do mundo da graça que Jesus começava, precisamente então, a desvelar por meio de um ensino gradual? Qualquer um de nós pode verificar pessoalmente esta experiência: ignoramos o que não aprendemos.

Suponho que esta é a razão de que existam escolas, institutos e universidades, e de que se vão criando, em todas as ordens e cada vez mais, centros de capacitação profissional, e de que os Estados se esforcem em que não haja analfabetos e tenham acesso à cultura a maior quantidade possível de cidadãos. Fala-se sem escândalo em "aprender um ofício", porque nisso não há nada de desonroso. Ainda não me encontrei com ninguém que tenha vergonha de se submeter à direção de um professor para fazer a sua tese de doutoramento, ou se sinta humilhado por isso e a aceite apenas por razões administrativas. Precisamente as regras administrativas existem, neste caso, por causa da necessidade que um doutorando tem de que alguém que saiba o oriente num caminho que nunca percorreu.

Naturalmente refiro-me ao que sucede ordinariamente, porque pode dar-se o caso de que a direção seja dada no papel e não na realidade. Mas quem tenha passado por esta experiência (exceto talvez se se trata de um gênio, que não é o mais comum), terá verificado que perdeu muito tempo, fez muito trabalho inútil, se enganou muitas vezes, e, por fim, saiu tudo pior do que teria saído se alguém lhe tivesse feito uma observação oportuna.

Tudo isto é de senso comum e até o menos sagaz o pode ver sem grande esforço. Ora bem, logo que entra em jogo a questão mais vital de todas, a que se refere à salvação pessoal, e que é questão de vida ou morte, parece que nada de quanto se disse foi válido, como se se pudesse prescindir até do mais elementar raciocínio. O senso comum deixa-se arrumado a um canto, e sufoca-se até a faculdade de pensar com um mínimo de lógica e rigor. O que não é admissível em nenhuma ciência, em nenhum negócio, em nenhuma atividade, nem sequer em nenhum ofício, constitui-se quase em norma quando a referência é ao reino de Deus, à vida da graça que, por outro lado, é o mais elementar num cristão.

Não se trata de teorias, mas de fatos. O recurso aos médicos, não já em casos urgentes ou necessários, mas periodicamente, para se submeter a uma revisão que permita precaver-se de males maiores, é hoje prática muito estendida. Trata-se da saúde do corpo, e certamente vale mais prevenir do que remediar. Mas, pelo visto, a alma não se considera tão importante, a julgar pelo pouco caso que costumamos fazer dela e a escassa atenção que lhe damos.

E, no entanto, a alma é muito importante. É tão importante que dela depende a sorte do corpo: "Não tenhais medo daqueles que matam o corpo, e depois nada mais podem fazer. Eu vou mostrar-vos a quem haveis de temer; temei aquele que, depois de matar, tem poder de lançar no inferno" (Lc 12, 4-5). Há uma ressurreição da carne, o que quer dizer que, se salvarmos a nossa alma, salvamos também o corpo; mas tê-lo-emos arruinado para sempre se, ao condenar-nos, atraímos para ele a morte eterna.

O que não se aprende não se sabe. Além do catecismo da doutrina cristã que se aprende na meninice para fazer a primeira comunhão; além, igualmente, do que recorda uma pessoa das práticas e exercícios piedosos do seu tempo de colégio, o que é que a maioria dos adultos sabe da vida sobrenatural, dessa vida que eles têm de viver pelo fato de serem cristãos?

Muito pouco, me parece. E hoje, com relação aos jovens, e a julgar pelo que conheço, menos ainda. Ainda é possível encontrar homens maduros que, apesar do abandono em que de fato tiveram as coisas que se referem a Deus e à sua alma, conservam ideias claras, embora elementares, de algumas verdades essenciais que aprenderam no catecismo. Mas receio que há uns anos a esta parte, este ensino elementar falhe.

Ao chegarem à Universidade caracterizam-se, nesta ordem de conhecimentos, pela sua desorientação e pelo vazio que levam por dentro. Não sabem de cor, naturalmente, aquelas respostas simples e claras em relação às verdades mais importantes da fé. Pelo contrário, possuem e utilizam bastante bem alguns tópicos socioeconômicos coloridos de uma vaga religiosidade, e além disso acreditam neles. Também estão convencidos de que isso é a renovação da vida cristã e a autêntica essência do Evangelho…, aqueles que ainda têm certa preocupação com a própria fé. Estou a referir-me, já tereis reparado nisso, à direção espiritual, e compreendo perfeitamente que falo de um assunto que hoje é claramente impopular. Ora bem: gostaria de que ficasse bem claro que a popularidade não é um valor pelo qual valha a pena incomodarmo-nos. Um cantor fará o possível para ser popular, e fará bem, porque é esse o seu objetivo, dado que se não é popular não é nada. Um agente de publicidade quebrará a cabeça para encontrar um *slogan* que torne popular a marca do desodorante que lhe paga. Mas se um sacerdote quer ser popular, então é melhor que se dedique a outra coisa, porque não se trata de agradar às pessoas, e sim a Deus. Nem de ser "consciente" da direção em que é arrastado o mundo, mas da verdade revelada; nem se trata de serem fiéis à época em que se vive, mas a Cristo. E embora hoje parece que se tende a imitar aquele general que presidia a uma vergonhosa debandada dos seus homens, correndo para a retaguarda, sem se deixar alcançar por ninguém, e que, ao observar o espanto dos civis que o contemplavam, disse, para se justificar: "que quereis! O lugar de um general é estar sempre à frente das suas tropas", — não obstante, duvido, que fosse isto, na verdade o que tinha de fazer. Jesus também não se preocupou em ser popular, nem de dizer o que iria cair bem no ambiente. Ele tinha vindo dizer o que tinha ouvido do Pai, e foi isso o que fez. E já sabeis o que lhe custou não contentar os judeus.

Não vamos recordar épocas passadas, mas olhar os tempos que correm. Hoje não é fácil encontrar entre os cristãos — falo em geral — o mínimo interesse para aprender as noções mais elementares da vida sobrenatural, para procurar uma direção que os oriente nas coisas do espírito, ou seja, da sua própria alma. Um inquérito sociológico, desses que estão na moda nos nossos dias, devidamente preparado demonstraria, provavelmente, o "anacronismo" da direção espiritual, e também provavelmente sem especificar se o que se rejeitava, como anacrônico, era o termo ou o seu conteúdo, ou ambas as coisas. Os inquéritos também demonstrariam que a clientela dos psiquiatras, psicólogos, consultores matrimoniais e peritos cresceu quase na mesma escala em que decaiu a confissão e a direção espiritual.

De modo que vos falarei de direção espiritual, e começarei por pedir que tenhais presentes o caso de Nicodemos: um homem culto, com experiência, versado na Escritura, doutor da Lei e, não obstante, necessitado de que alguém o orientasse quanto ao mundo sobrenatural da graça. Parece-vos, talvez, excessiva a afirmação de que todos vós necessitais de quem vos oriente no caminho da salvação, sob risco de ficardes anões na dimensão espiritual, ou, o que seria ainda pior, de errar o caminho?

Creio que não digo nenhum disparate se afirmo que, no que se refere ao caminho para Deus (que é dizer o caminho do homem para a sua total plenitude), ninguém pode ordinariamente bastar-se a si mesmo. Ninguém pode dar-se (nem ainda aos outros) o que não tem; e a ignorância remedeia-se pela leitura, pela reflexão e pelo estudo. Mas já aqui é necessária uma orientação, porque nem todo livro é útil, e há-os mesmo que são clara e abertamente errôneos. Também, e talvez mais do que em outras matérias, abundam hoje no mercado livros que falam de Deus, da Igreja e de Cristo, escritos por autores incompetentes.

Quando digo incompetentes não me refiro à falta de talento, mas à falta de competência. Competente é o que *sabe* daquilo de que se ocupa. E como se trata de umas verdades que a Igreja possui e tem vindo a ensinar invariavelmente já há vinte séculos, só o que as aprendeu e as retém fielmente é competente para as ensinar a outros. Não é questão de talento (embora este possa influenciar, e muito, no *modo* de mostrar essas verdades); pelo menos, não só de talento, mas sobretudo de fidelidade, pois não se trata de criar, de inventar, mas de transmitir. A doutrina da salvação não se inventa; isto é evidente. Não vejo nenhuma razão para que um grande talento esteja isento de dizer disparates quando fala do que não sabe (inclusive poderia citar-vos alguns exemplos). E para falar da doutrina da salvação, de Cristo, da alma, da Igreja, da vida sobrenatural, das operações de Deus na alma, não basta ter talento, nem sequer ser Prêmio Nobel de física, medicina, literatura ou biologia. O que é necessário é conhecer, e conhecer bem, a doutrina da salvação. Isto em primeiro lugar.

Mas além disso são necessárias outras coisas, e entre elas atrever-me-ia a dizer que uma certa prática. Um diretor espiritual não é um teórico que resolve intelectualmente as questões que lhe colocam. Não se trata de que tenha decorado um montão de bons livros, embora isto seja necessário (já sabeis como Santa Teresa insistia que os diretores espirituais fossem "letrados"); é preciso que eles mesmos tenham vida interior, que se esforcem por crescer em graça e sabedoria, e em fé, esperança e caridade, e que eles próprios tenham quem os dirija. E a razão é simples. O Evangelho não é um sistema filosófico, mas vida. Quem não procura vivê-lo não pode entendê-lo de modo íntegro e profundo, e um homem não pode guiar outro se não conhece o caminho que tem de percorrer. Ora bem: "O Espírito sopra onde quer, e tu ouves o seu som, mas não sabes donde vem nem para onde vai". Entendeis isto? Quando uma pessoa não sabe, precisa que alguém *que não seja o próprio*, alguém que além da ciência e experiência possua a luz necessária que Deus comunica através desse Dom que se conhece com o nome de graça de estado (uma ajuda especial para desempenhar o ofício que Deus lhe encomenda); e que saiba discernir o que é de Deus e o que não é, porque provém do espírito próprio ou do espírito diabólico, e, assim, nos oriente através de uma maranha de caminhos entrecruzados por aquele que conduz à vida eterna.

Até um médico, por mais brilhante que seja, põe-se em mãos de outros quando está doente; não pode ser ao mesmo tempo sujeito e objeto da sua própria observação sem correr um risco que pode ser mortal. E um médico sabe. Pois no que diz respeito à vida interior (que não é um mundo fechado e independente, porque uma pessoa não é um conjunto de compartimentos estanques), nem sequer um bom teólogo (não digamos os maus), nem um bispo, nem o próprio Papa podem dar-se ao luxo de prescindir da ajuda sobrenatural e humana que Deus dispensa através do sacerdote. Claro que podem rejeitá-la e deixar-se conduzir pelo seu próprio espírito, e também está claro que então deverão ater-se às consequências, nenhuma das quais parece que será excessivamente boa.

Quanto a vós, ignoro a razão pela qual sois alérgicos a deixar-vos dirigir nas coisas de Deus que concernem à vossa felicidade presente e futura. Não posso acreditar que se deva ao argumento da "alienação", exceto se é um pretexto que nem a vós engana, ou o aceitastes sem tentar sequer pensar uns minutos sobre a sua validade. Quero dizer que se refletis um pouco tereis de concordar em que não se devem mandar as crianças à escola porque se alienam, nem permitir que a gente se apaixone, pela mesma razão. E se continuardes a pensar concluís que o mundo é a morada de todos os alienados que se alienam num montão de coisas. Os sociólogos (e alguns clérigos) alienam-se na sociologia, os que não acreditam na confissão, na psiquiatria; quase todos (hoje, pelo menos), na economia; os marxistas, em Marx, e assim até esgotar os indivíduos da espécie humana, incluídos os cientistas. Na realidade, os únicos verdadeiramente alienados são os crédulos (não os homens de fé); quer dizer, os que acreditam em teorias em vez de acreditar em verdades.

Tanto mais que a direção espiritual não tem por objeto converter o sujeito que a deseja num robô que não pensa, nem faz outra coisa senão aplicar mecanicamente o que lhe dizem. A direção espiritual não arrebata a liberdade, nem anula a faculdade de pensar, porque não tende a impor nada, apenas a ensinar os caminhos da graça e as operações do Espírito Santo nas almas e a ajudar o que a recebe a formar os critérios que lhe vão permitir comportar-se como um autêntico discípulo de Cristo — quer dizer, como um cristão — em qualquer situação ou ambiente.

Parece certo que hoje a juventude (falo em geral) — e creio que também uma grande parte dos homens maduros — rejeita o magistério e não aceita critérios que não tenham sido fabricados por ela própria. E nota-se. É depois, quando as coisas quase não têm remédio, que recorrem a outros (geralmente ao sacerdote) para que lhes resolvam o problema ou a situação que a sua ignorância (ou a sua petulância?) criou, às vezes mesmo com repercussão e prejuízo noutras vidas que não a sua. E, por vezes, ao chegar este momento, também há os que se queixam porque não se lhes dá uma panaceia que, milagrosamente, imediatamente, e à medida dos seus desejos, resolva a situação ou o problema como se nunca tivesse existido.

Há coisas com que não se pode brincar. Quer dizer, poder, pode-se, mas há que sofrer as consequências. O que uma pessoa faça ou deixe de fazer nunca costuma ser algo puramente pessoal, porque ao viver rodeada de outras pessoas e em relação com elas tudo costuma repercutir fazendo bem ou fazendo mal, ajudando ou estorvando. E quando se carece de critérios baseados na Verdade, então podem-se causar prejuízos irreparáveis.

Naturalmente gostaria de ter sido tão convincente que ao ler isto vos decidísseis a buscar uma direção espiritual. Mas também sei que não vai ser assim. No entanto, e se porventura Deus mover algum de vós a fazê-lo, um último conselho.

Procurai bem a quem confiais a vossa alma. Hoje encontram-se, infelizmente, lobos com pele de cordeiro. Se caís nas mãos de algum deles, podeis acabar desfeitos, embora, se a vossa intenção é reta, confio em que Deus disporá algum recurso para que o mal não seja definitivo. Reparai que até para isto vos é necessário ter um critério. E o critério vo-lo pode dar a observação da doutrina e da vida daqueles em cujas mãos pensais colocar-vos, e até do seu aspecto. Este último parece uma palermice, mas não é. Pelo menos não inteiramente, porque o exterior costuma ser um reflexo do interior. Embora eu creia que neste ponto tendes, oxalá não me engane, uma espécie de instinto que vos pode salvar. No entanto, deveis tomar algumas precauções, e a primeira é mudar de diretor logo que vejais que, em vez de uma preocupação sobrenatural pela vossa alma, o seu interesse centra-se em temas de sociologia religiosa ou questões de moda; quando em vez de deixar paz na vossa alma a deixa perturbada; quando, em vez de vos fazer ver o que Jesus Cristo exige de quem acredita e confia nele, transija demasiado com a vossa comodidade ou a vossa preguiça ou quase não dê importância à oração, à mortificação e aos sacramentos.

Em resumo: do mesmo modo que, se quereis ser médicos, necessitais de vos colocar sob o magistério dos que sabem e praticam a medicina para que vos ensinem o que não sabeis; do mesmo modo que necessitais de um guia para penetrardes num território difícil, extenso e em que não há caminhos, ou há demasiados; exatamente do mesmo modo necessitais de quem vos oriente no vosso caminho para Deus.

Nicodemos era versado nas Escrituras, com experiência e doutor da Lei. Vós nem sois versados na Escritura, nem tendes experiência das coisas divinas (eu diria que nem das humanas), nem sabeis teologia. E se Nicodemos era um menino nas coisas do espírito e do reino de Deus e necessitava de um guia que o orientasse, conforme lhe demonstrou claramente Jesus, podeis dizer-me vós, por Deus, por que julgais poder prescindir do que a qualquer mortal, mesmo com senso comum, lhe é necessário?

XI. AQUELE QUE ME CONFESSAR

São Mateus menciona, no capítulo 10 do seu Evangelho, as instruções que Jesus deu aos discípulos, provavelmente em diferentes ocasiões. Como sem dúvida sabereis, São Mateus não segue na sua narração uma ordem cronológica, mas antes o que hoje chamamos uma ordem de assuntos, agrupando os ensinamentos conexos ainda que se dessem em diferentes ocasiões.

Neste capítulo, e entre outras instruções, Jesus previne os discípulos do que deviam esperar em virtude da sua fidelidade ao Evangelho: "por causa do meu nome sereis odiados por todos". Prognosticou-lhes o que teriam de sofrer por Ele; perseguidos, denunciados, levados aos tribunais e açoitados; disse-lhes que não temessem os que só conseguiam matar o corpo, porque estes, na realidade não podiam fazer grande mal; deviam temer antes aquele que podia matar as suas almas, lançando-as no inferno; deu-lhes confiança fazendo-lhes ver como a solicitude de Deus se estendia até o ponto de não cair um passarinho sobre a terra sem seu consentimento, quanto mais cuidaria deles que valiam, sem comparação, muito mais! E terminou dizendo estas palavras:

> Todo aquele, portanto, que me confessar diante dos homens, também eu o confessarei diante do meu Pai, que está nos céus. Porém o que me negar diante dos homens, também eu o negarei diante de meu Pai que está nos céus (Mt 10, 32-33).

Isto parece bastante justo, pelo menos segundo o modo que os homens têm de entender a justiça. Se uma pessoa confessa Cristo diante dos homens, se dá provas da sua lealdade, ou da sua fidelidade, ou da sua adesão a Jesus Cristo no meio de dificuldades, com perda dos seus bens, da sua integridade ou mesmo da sua vida, parece lógico que em contrapartida, como recompensa, Ele o confesse diante de seu Pai. Ao fim e ao cabo Ele fez-nos saber que seríamos medidos com a mesma medida com que medíssemos, de maneira que, ao confessá-lo ou negá-lo, estamos a determinar a medida com que se deve avaliar a nossa atitude em relação a Ele.

É claro que quando instruiu os discípulos acerca do que tinham de suportar por crer nele não parece que quisesse dizer que todos os discípulos teriam de passar por essa prova, nem que sempre teriam de viver sob o peso de tal ameaça. O que parece, pelo contrário, bastante claro é que dava por assente que os discípulos deviam estar dispostos a qualquer coisa (a tudo, para ser preciso) antes que negá-lo. E se ledes com cuidado o Evangelho encontrar-vos-eis com ensinamentos de Jesus que mostram até que ponto era exigente nesta questão: o que ama o seu pai ou mãe, ou os seus filhos, ou a própria vida mais do que a Ele, não pode ser seu discípulo. Não pode sê-lo porque, se tivesse de escolher entre Jesus Cristo, Deus e homem, e tudo o mais, o que não escolhesse a Cristo, por este mesmo fato, se excluía de ser seu discípulo e seguidor.

Obviamente, nem todos os tempos são iguais, e a necessidade de o confessar pública e explicitamente, não só de palavra, mas também com obras, apenas urge em determinadas circunstâncias: precisamente naquelas em que não o fazer é, de fato, a sua negação.

Há trinta anos, apenas, e talvez ainda menos, não parece que existissem, a nível do católico médio, grandes problemas neste sentido. Havia na Igreja um certo número de católicos que, sem terem negado a fé, de fato viviam afastados de Deus. Era costume chamar-lhes "não praticantes", mas a sua situação, mais do que a problemas de Fé, devia-se, em geral, a problemas relacionados com os costumes, e que, em não poucos casos, tinham a sua origem na ignorância. A maior parte deles acolhia de boa vontade os sacramentos quando chegava a hora da verdade e reconciliava-se com Deus.

Havia outra minoria de cristãos que lutavam, sinceramente, por crescer em graça, tinham uma vida interior e esforçavam-se por serem consequentes com a sua Fé. Não digo que fossem perfeitos, nem sequer simpáticos, mas pelo menos procuravam honestamente agradar a Deus.

E depois estava a maioria. Não afastados, naturalmente, mas também não demasiado unidos a Deus. Nem frios nem quentes, viviam numa cômoda zona temperada mais ou menos equidistante do gelo e do fogo, confortavelmente instalados no seio da Madre Igreja, acoberto do risco da condenação tanto como do risco da santidade, sem grandes pecados, mas também sem grandes virtudes. Cumpriam geralmente os mandamentos da Igreja, ainda que não tão geralmente com os da Lei de Deus. Tinham escasso, ou talvez nulo, sentido de responsabilidade enquanto membros do Corpo Místico de Cristo, mais persuadidos de que a Igreja estava para seu serviço do que do pensamento de que eles tivessem alguma vez de a servir. Passageiros da nave de Pedro, desfrutavam plenamente dessa condição, ao passo que se furtavam com cuidado aos inconvenientes que a tripulação acarretava: o esforço, a responsabilidade, as vigílias, o trabalho, a luta contra as dificuldades e perigos que numa longa travessia ameaçam a nave. Uma evidente mediocridade caracterizava, em conjunto, este numeroso grupo.

Numa zona tão ampla havia de tudo, desde os calculistas que avaliavam atentamente as vantagens e inconvenientes e queriam comprar a salvação ao mais baixo preço possível, gente que tentava demonstrar que *na verdade* se podia servir a dois senhores, até aos que começavam e recomeçavam uma e outra vez para sair de um estado habitual de pecado ou de tibieza e aproximar-se do calor de Deus. A maioria, no entanto, mais do que calculistas eram, parece-me, descuidados, débeis ou irrefletidos, distraídos pelas coisas imediatas, arrastados pelo fácil e agradável. No que diz respeito ao reino dos céus transformavam-se no que na vida da terra são os anêmicos, manetas, coxos, cegos, mudos ou entrevados. Sobreviviam todos eles, mesmo os calculistas, não pela própria força, mas porque estavam sustentados. Havia umas estruturas (costumes, disciplina, ambiente, autoridade, normas, leis) à sua volta que os amparavam e nas quais a sua fraqueza encontrava apoio. Graças a elas podiam, apesar da sua escassa vitalidade, manter-se com a cabeça fora da água. Viviam como numa estufa, mas viviam.

Agora isto é praticamente impossível. Nestes últimos anos derrubaram-se as estruturas, mas não foram substituídas por nada em que a debilidade possa amparar-se. Não há apoio para o frouxo nem proteção para o fraco, nem contenção para o irrefletido. Nem a disciplina, nem a autoridade, nem a lei, nem a norma existem na prática, e os costumes e o ambiente, longe de preservar da queda, favorecem-na.

Estão à vista as consequências. Logo que lhes tiraram os apoios que os sustentavam ou os guiavam, muitos caíram em terra, perdendo a escassa vida sobrenatural que tinham e, nalguns casos, também os bons costumes e até a fé; outros, sem abandonar exteriormente nada, estão interiormente tão caídos que é só questão de tempo o seu abandono, como membros mortos do Corpo vivo, a não ser que um milagre da graça os ressuscite. O ambiente está tão cheio de erros e de mentiras contrárias à fé de Jesus Cristo, que uma grande parte dos que viviam em estufa andam vacilantes sem saber exatamente no que devem acreditar ou o que é o bom e o que é o mau, o que Deus manda ou o que Deus proíbe.

Uma purificação da Igreja? Se o que se pretendia era "purificá-la" do lastro dos católicos claudicantes, enfermiços, de escassa vitalidade e sem qualquer utilidade, então a operação constituiu um verdadeiro êxito na sua primeira fase, porque, com efeito, esses ficaram na valeta. Não aguentaram e afundaram-se como pedras. Disseram-lhes que eram adultos, mas não se detiveram a averiguar se além disso, tinham as forças de um adulto. Não as tinham.

Vós, os jovens, estais, em minha opinião, numa situação difícil. Não tendes à vossa volta umas estruturas cristãs a que agarrar-vos enquanto se vos infunde uma vida interior que vos fortaleça até que possais manter-vos por vós mesmos. A situação de um cristão no mundo foi sempre como a de um homem no meio de um rio de poderosa corrente; ou nada vigorosamente e sem desfalecimento contra a corrente, ou a corrente o arrasta irremediavelmente até o oceano onde se perde. As redes que, de espaço em espaço e de uma margem a outra, tinham estendido séculos inteiros de experiência cristã, para ajuda dos nadadores fatigados, proporcionam aos mais fracos uma amarra a que agarrar-se, e já que não puderam subir a corrente, pelo menos, mantinham-se a flutuar sem ser arrastados. Entretanto, podia-se injetar um pouco de força às suas desfalecidas almas, ou pelo menos tentava-se fazê-lo. Mas agora estas redes estão rasgadas, destruídas. Não há apoio que nos proteja da nossa própria fraqueza.

Isto quer dizer que os tempos mudaram. Hoje é cada vez mais difícil permanecer em "terra de ninguém", numa cômoda mediocridade, nem fria nem quente. Pelo contrário, a urgência de definir-se é cada vez mais patente; não de definir-se com a boca, mas integramente, vitalmente: ou com Ele ou contra Ele, e em cada opção com todas as suas consequências.

Há cerca de trinta anos a virtude da fortaleza não era, verdadeiramente, uma virtude cujo exercício se exigisse para continuar a pertencer à Igreja. A fé do católico médio nem remotamente estava ameaçada; ou pelo menos, rejeitava-se imediatamente qualquer assomo de perigo: o Magistério era acatado por todos, a começar pelos sacerdotes. Conhecereis o episódio daquele que exclamava: "Olha lá, condenar-se por uma questão do dogma!…", e que dá uma ideia da atitude habitual. Para isso contribuíam, sem dúvida, as medidas que habitualmente se tomavam para proteger a fé, porque os pastores costumavam velar para que com a boa doutrina não se divulgassem erros teológicos, de modo que, de vez em quando, uma pessoa tomava conhecimento de que esta ou aquela opinião, que tinha começado a circular, esta ou aquela afirmação (ou insinuação) de um teólogo ou filósofo, era condenada como oposta à fé, quer dizer, à verdade revelada por Deus; e se o teólogo ou filósofo em causa não se submetesse humildemente ao juízo da Igreja e persistisse em sustentar o que o Magistério tinha declarado como oposto à fé católica, então, evidentemente, *não acreditava em tudo* o que a Igreja acredita e professa, e por este fato ficava separado dela. A Igreja, por vezes, declarava-o publicamente, e na verdade pouco perigo apresentavam já para os fiéis as suas afirmações contrárias à fé; os fiéis sabiam que eram errôneas e que, por as professar, o seu autor se tinha excluído do Corpo Místico de Cristo. Creio, pelo que recordo da atitude habitual dos católicos de há trinta anos, ou menos, que não havia nada pior que ser separado da Igreja, da comunhão dos fiéis e privado dos sacramentos. Só este pensamento bastava para gelar a alma. É verdade que então tal perigo era para o católico médio muito remoto.

Mas hoje não é assim. Como vos dizia, os tempos mudaram. Não são já como os tempos ainda não muito longínquos a que me estive a referir, em que a fé se possuía em geral pacificamente. Também não são como os que atravessou a Igreja antes de Constantino, quando os cristãos estavam sempre expostos à perseguição, à calúnia e à denúncia, olhados como inimigos e destinados à extinção, vivendo heroicamente num ambiente hostil. Tão hostil que de um modo habitual deviam estar preparados para confessar a sua fé publicamente…, e por isso para perder a sua vida, porque a outra alternativa era a apostasia. E não serviam de nada as comédias ou as restrições mentais, uma aparência de submissão puramente exterior e simbólica aos ídolos sem claudicar interiormente. Não bastava crer, e crer firmemente; era necessário *confessar a fé*, porque não o fazer equivalia a apostatar, a negar Cristo.

Os tempos em que vivemos são diferentes. A fé não está protegida como até há pouco, mas ameaçada, e é preciso mantê-la com luta; mas também não está ameaçada por uma violência física que vem de fora, como nos primeiros séculos. Na realidade, este tipo de ameaça não é muito útil, e suponho que o diabo o sabe, além do mais porque a experiência lho ensinou. As perseguições da Roma pagã, como as mais recentes baseadas nos mesmos processos, não fizeram apóstatas, fizeram mártires, santos e confessores, testemunhas da divindade da fé católica. Agora o perigo que ameaça os fiéis é mais sutil e mais efetivo, em primeiro lugar porque não emprega a violência, a força bruta, e portanto, não põe na defensiva, nem provoca uma reação saudável ou uma resistência heroica; em segundo lugar, porque não provém de fora da Igreja, mas de dentro. O Papa Paulo VI foi muito explícito ao falar das gretas por onde o fumo de satanás penetrou na Igreja, rarefazendo a sua atmosfera, cobrindo-a de uma névoa que impede ver as coisas com nitidez, desfazendo os contornos e fazendo confusos os objetos. E também falou, e muito claramente, do demônio, mentiroso e pai da mentira, pervertido e pervertedor, homicida desde o princípio. Esta ação demoníaca na Igreja tende menos a provocar apostasias públicas a curto prazo que um abandono gradual da fé em Cristo para pôr em seu lugar uma fé em qualquer outro ídolo, de preferência o homem. Tende não a um abandono por negação formal, mas a um abandono por substituição, tergiversação ou diluição; não a uma apostasia de direito, mas a uma apostasia de fato.

Não sei se conheceis o *Símbolo Atanasiano*. É uma antiquíssima profissão de fé, muito clara e precisa, da qual sempre me chamou muito a atenção o começo e o final. Diz ao princípio: "Todo aquele que quiser salvar-se, antes de mais é preciso que professe a fé católica. E quem não a conservar íntegra e pura sem dúvida perecerá para sempre." E termina assim: "Esta é a fé católica, e quem não acreditar nela fiel e firmemente não poderá salvar-se". A fé católica tem de professar-se *íntegra* e *inviolada*, *firmemente* e com toda a *fidelidade*. Se não se acredita em *tudo* o que a Igreja acredita e ensina; se não se acredita com firmeza, mas com reservas; se não se é fiel ao conteúdo da fé e a todas as suas implicações; se ela se viola de qualquer modo, então cuidado!, porque o perigo de naufragar na fé, ou, se preferis, de ficar excluído da comunhão com a Igreja (pelo menos, de fato), está próxima…, se é que não se caiu já nele.

Parece-me que hoje existem bastantes casos deste gênero. Naturalmente que não se trata de julgar nada, nem também de julgar a ninguém; isto ainda menos.

Trata-se de refletir. Reparai. Um católico que defenda o divórcio e, portanto, afirme que o matrimônio não é indissolúvel, evidentemente não professa a fé da Igreja, que ensina — com o Evangelho — que o casamento é indissolúvel, posto que o que Deus uniu, o homem não pode separar. Pode, então, dizer-se que professa *integramente* a fé católica um sacerdote, ou um médico, que recomende o uso de anticoncepcionais porque na sua opinião uma família tem já bastantes filhos, ou o estado físico da mulher torna perigosa uma nova gravidez, ou os meios econômicos são escassos, ou no mundo há demasiada gente? Pode dizer-se que está em comunhão com o Papa, que aberta, clara, pública e manifestamente afirmou a ilicitude desta espécie de meios? E se não aceita o Magistério num ponto tão definido como este, pode-se dizer que acredita em *tudo* o que a Igreja ensina? Um psicólogo, ou escritor, ou quem quer que seja, que torne pública a sua opinião sobre a bondade, inocuidade ou conveniência das relações pré-matrimoniais, não está deixando como arbitrário o próprio Deus, que proíbe a fornicação, e enganada a Igreja, que ensina o que não pode nem deve fazer-se em virtude do mandamento divino? Continua então professando inviolada a fé católica?

Um católico pode ser marxista? Sim, mas só se deixar de ser católico. A Igreja neste ponto mostrou-se muito explícita e, oficialmente, em 1949, deixou as coisas claras. A pergunta era esta: os fiéis que professam a doutrina marxista (materialista e anticristã), e os que a difundem ou propagam, incorrem automaticamente, como *apóstatas da fé*, em excomunhão reservada de modo especial à Santa Sé? A resposta foi afirmativa. Um católico que se faz marxista apostatou da fé; não segue Cristo, não crê em, nem a Cristo. Crê e segue a Marx. Não crê em Deus criador, mas nessa espécie de coisa que Marx chama *Matéria*; não crê em Jesus Cristo, a quem Marx olimpicamente ignora; não crê na vida futura, no céu e no inferno, mas crê nesse estágio final de bem-aventurança da sociedade sem classes. Crê, com Marx, que a Igreja de Cristo é uma superestrutura, ópio do povo e instrumento do capitalismo, e trabalha na sua destruição. Vós me direis se em tal caso uma pessoa conserva algo pelo qual se possa chamar cristão.

Dizia-vos antes que, no que diz respeito à fé, a situação dos jovens é difícil. É, sobretudo, pela rarefação, pela contaminação do ambiente na atmosfera cristã. Antes um fiel podia ter quase a certeza de que na pregação ou na catequese não ia ouvir a mais leve proposição que não estivesse de acordo com o Magistério da Igreja. Há uns anos a esta parte, é público e notório que na pregação, inclusive em alguns casos em homilias dominicais, não só se inculcam aos fiéis doutrinas humanas que nada têm a ver com a revelação, como também proposições errôneas e mesmo contrárias à fé católica. O Papa continua a denunciar erros contra a Eucaristia e a Confissão, o casamento e sobre o batismo, sobre todos e cada um dos pontos que são atacados, postos em dúvida ou "interpretados" contra o Magistério de vinte séculos, e isto de *dentro* da Igreja. O *Credo* do Ano da Fé, tão solenemente proclamado, não impediu que se continuassem a pregar, escrever e espalhar dúvidas, problemas, confrontações, incertezas, insinuações e erros de vulto. E tudo isso tão inteligente e eficazmente levado a cabo, com tal desprezo da autoridade e da disciplina que, em palavras de Paulo VI, há que acreditar "em algo preternatural vindo ao mundo precisamente para perturbar". O resultado podeis vê-lo com os vossos próprios olhos, mas Paulo VI descrevia-o assim: "confusão e intranquilidade das consciências, empobrecimento religioso, detecções dolorosas no campo da vida consagrada e da fidelidade e indissolubilidade do matrimônio…" E poder-se-ia acrescentar: notável diminuição de vocações para o sacerdócio, abandono das normas morais em benefício do egoísmo individual, tentativas de mudar a doutrina para justificar situações de fato e muitíssimas coisas mais.

Porque também hoje são precisos confessores, testemunhas da divindade da revelação. Não com o mesmo gênero de fortaleza que se requereu aos cristãos na época das perseguições, mas com outra diferente. Não deveis pensar que me refiro, quando falo de confessar a fé, ou de confessar Jesus Cristo, a ser uma espécie de bocas grandes que vivem a dar "testemunho" do seu catolicismo, apelando às encíclicas e aludindo na menor oportunidade que se apresente ao que disse o Papa na última audiência geral. É este um modo de confissão — supondo que o seja — que, além de ser fastidiosa, costuma ser muito pouco eficaz, porque parece que os que o fazem estão constantemente a ensinar o seu interlocutor, recordando-lhe delicadamente (assim o julgam) verdades e critérios que deveriam estar mais presentes na sua conduta. Naturalmente não se põem como exemplo, mas às vezes não podem ocultar inteiramente a íntima satisfação que transborda nos seus corações ao contemplarem, involuntariamente, claro está, a imagem que de si mesmo oferecem aos outros. Há tipos assim, e sem dúvida fazem o melhor que podem, e seguramente têm mérito diante de Deus, mas eu não me refiro a isso.

Quero dizer o seguinte: hoje, cada vez menos, não se pode ser sem perigo um membro passivo da Igreja. Para não o ser, é necessário, em primeiro lugar, a pureza de doutrina: saber bem o que Cristo nos revelou em ordem à fé e aos costumes; também aos costumes, porque não se trata só de conhecimento, mas de vida; a fé sem obras é morta. E com uma fé morta não parece que se possa ir longe. "Tu crês que há um só Deus? Fazes bem; também os demônios creem e tremem", dizia São Tiago na sua epístola (Tg 2, 19). E como só quem conhece a verdade é capaz de detectar o erro, pelo simples processo de ver que é diferente do que sabe bem que é verdade.

Em segundo lugar, a vida. Vida interior, que é fazer o necessário para que a graça — vida divina — nos encha e se constitua em princípio motor dos nossos atos. Imaginai um depósito, hermeticamente fechado, que contém um gás a uma pressão de, por exemplo, vinte atmosferas; este depósito está rodeado de outra massa gasosa cuja pressão é de quarenta. Se abris uma comporta do depósito e pondes em comunicação os dois gases, o de fora, que tem maior pressão, entra no depósito e influi, modifica e desloca o gás do depósito; mas se a pressão do gás do depósito é maior que a do que está de fora, então, ao pôr-se em contato, é o gás do depósito que modifica o ambiente que o rodeia, influindo nele e deslocando-o para o substituir.

Pois bem, se a pressão interior da vossa alma, se a vossa vida interior é mais forte que o ambiente que vos rodeia, então vós (ou melhor, a graça através de vós) influireis e modificareis o ambiente. Mas se a vossa pressão interior for escassa, então o mundo se vos meterá dentro, influirá em vós, e vos conformará com ele. E então, como podereis dar testemunho de Cristo se o que tendes dentro não são os ensinamentos de Cristo, mas os critérios do ambiente? Ora bem, digo-vos que não tereis pressão interior se não fordes almas de oração. Quero dizer, de oração mental, diária, com um tempo fixo: porque se não intimais com Jesus Cristo, se não comunicais diariamente com Ele, se não lhe abris a porta para que influa em vós, não sei como ireis conhecê-lo e amá-lo. Sem o tratar na oração e no Santíssimo Sacramento, que contato pessoal pode haver entre nós e Ele? Estamos então sem pressão, vazios, e somos arrastados pelo espírito deste mundo.

Em terceiro lugar, valia moral. Uma valia moral que, nestes tempos, requer a prática da virtude da fortaleza; temos de ser fortes na fé. Isto quer dizer estarmos dispostos a não aceitar qualquer afirmação, opinião, proposição ou teoria que não esteja de acordo com a fé católica recebida, porque podeis estar absolutamente certos de que toda afirmação que contradiga as verdades da fé é falsa. Creio que foi Chesterton quem disse que todos os argumentos "científicos" com os quais os livres-pensadores combateram a fé católica nos fins do século XIX se tornaram falsos, conforme demonstrou a própria ciência. Hoje, concede-se demasiada autoridade à física, à biologia, à sociologia e até à literatura no campo da revelação. Não obstante, um apologista grego dos meados do século II dizia: "Nenhum homem viu nem conheceu a Deus, mas foi Ele próprio que se manifestou. Ora bem: manifestou-se pela fé, única à qual foi concedido ver a Deus". A via pela qual Deus se manifesta, a via de acesso a Deus, é a fé. A fé, e não a física, nem a biologia, nem a sociologia, nem o teatro, os ensaios ou o romance. Dado o ambiente predominante hoje, de quase adoração pelo mundo, compreendereis que é preciso muita fortaleza para ser fiel a Cristo apesar da pressão do ambiente; muita fortaleza para ser tão consequente como São Pedro de Alcântara, que escreveu numa carta a Santa Teresa algo parecido a isto: "Quanto a mim, confio mais na palavra de Deus que na minha própria experiência". Não é um bom método para a investigação química, mas sim para a investigação teológica. Ele sabia que Deus nunca o enganaria, mas também, que a sua própria experiência — essa poderia enganá-lo. De qualquer modo, é conveniente não perder de vista estas palavras de Jesus, porque se refletis sobre elas talvez encontreis o porquê de muitas das coisas que estão sucedendo: "Como podeis crer, vós que recebeis a glória uns dos outros, e não buscais a glória que só de Deus vem?" (Jo 5, 44).

XII. ROGA POR NÓS

Hoje vamos ocupar-nos de um tema que, a menos que o desconheça absolutamente o universitário médio, não é dos que mais costuma absorver a sua atenção. Refere-se à Virgem Santíssima, e trata-se do Terço. Suponho que pode parecer despropositado, mas vou procurar persuadir-vos de que a devoção do Terço não só não é nenhuma estupidez nem uma manifestação de imaturidade religiosa ou resto supersticioso de épocas superadas, mas, muito pelo contrário, um elemento, e sem dúvida bastante importante, do que deve ser alimento diário da alma de todo o cristão.

Mais ainda. Atrevo-me a afirmar que constitui o fio, delicado mas muito forte, que pode aguentar, nestes tempos difíceis, os vacilantes, os que duvidam, os frouxos, os confusos e os escandalizados. E também vos direi que pode ser inclusive o caminho pelo qual possam regressar a casa os que a tenham mais ou menos abandonado, para seguir, um pouco maravilhados, pelo que lhes pareceu uma grande descoberta, os ídolos intelectuais que, habilmente manejados, deslumbram os jovens como as marionetas às crianças. Até vos diria, se não temesse que me julgásseis exagerado, que, além do mais, é um meio pelo qual se pode contribuir com uma eficácia inacreditável para a transformação do mundo.

Compreendereis que afirmar estas coisas do Terço e dizê-las aos universitários de hoje em dia, parece, talvez, um tanto ousado. Julgo, no entanto, que merece a pena correr este risco, nem que seja porque talvez a algum lhe sirva de ajuda ouvir falar com seriedade e respeito do que parece ser moda apresentar como uma manifestação de subdesenvolvimento, imaturidade ou trauma espiritual.

O difícil do assunto é que não sei se serei capaz de vos mostrar o que a mim parece claro como água; de modo que tende um pouco de paciência porque, como vos disse, o vou tentar.

Há muitos anos um (então) famoso romancista argentino disse que um dos sintomas precursores do abandono da fé num cristão era o desprezo pela devoção a Nossa Senhora. Evidentemente aquele romancista não era um teólogo; não obstante demonstrou ser um bom observador. Não pretendia expor uma teoria, apenas verificar uma realidade que, pelo menos no ambiente em que se movia, era quase um fato experimental. Contudo, e soubesse-o ou não, disse algo que tem uma raiz teológica mais profunda do que era de esperar de uma frase perdida no texto de um romance já esquecido.

Possivelmente um mariólogo poderia demonstrar isto com argumentos teológicos bem enraizados na Escritura, mas receio que talvez não vos servisse de muito este tipo de argumentação. Parece-me que o caráter dos universitários de hoje não é precisamente caracterizado pelo seu rigor especulativo, embora possa estar enganado. Na dúvida, creio que será melhor adaptar outro processo, e para isso pode-nos servir de ponto de partida um texto de Charles Péguy. Dizia assim:

XII. ROGA POR NÓS

> Nossa Senhora salvou-me do desespero. Este era o maior perigo. A gente como nós tem bastante fé e bastante caridade. É a esperança o que pode faltar-nos. Saí desta situação escrevendo o meu *Porche*. Repara que, durante dezoito meses, não pude rezar o *Pai Nosso*... Eu não podia dizer "faça-se a tua vontade". Não podia dizê-lo. Compreendes o que isto é? Não podia rezar a Deus, porque não podia aceitar a sua vontade. É horrível. Não se trata de papaguear orações. Trata-se de dizer verdadeiramente: "faça-se a tua vontade". Então rezei a Maria. As orações dirigidas a Maria são as orações de *reserva*... Não há nem uma em toda a liturgia, nem uma, entendes?, nem uma que o mais miserável pecador não possa dizer *verdadeiramente*. No mecanismo da salvação, a *Ave Maria* é o último socorro. Com ele não se pode estar perdido.

Péguy sentia-se impotente para rezar honestamente o *Pai Nosso* porque não podia dizer "faça-se a tua vontade". Não era capaz de submeter a sua vontade à de Deus, não era capaz de aceitar o seu desígnio sobre ele. Uma espécie maligna de rebeldia interior o impedia. O que, no entanto, podia fazer com facilidade era dirigir-se a Nossa Senhora, e isso foi precisamente o que fez. Não podia dizer a Deus "faça-se a tua vontade", mas podia na verdade dizer à Virgem "roga por nós pecadores, agora e na hora da nossa morte", e, ao cabo de dezoito meses, o que lhe era impossível deixou de sê-lo pela força daquela a quem a Igreja chama Nossa Esperança.

Compreendereis que se trata de ser honesto, de fazer jogo limpo. Não de repetir mecanicamente umas fórmulas sem que nos interesse grande coisa que o que estamos a dizer tenha ou não qualquer relação com a nossa atitude interior. É preciso tomar muito a sério as coisas sérias, estar realmente angustiado por um conflito interior aparentemente insolúvel, para poder expressar o problema com tanta precisão como Péguy. Ele percebeu, quase experimentalmente, como a Virgem Maria o salvou do desespero.

Porque o desespero é fruto, o mais apodrecido de todos, do orgulho. Como disse Merton, desespero é o luxo corrompido do que prefere condenar-se que dever a salvação a alguém diferente de si mesmo. Há sempre algo no fundo de cada um que pode provocar uma atitude de rebeldia, de irritação ou de oposição a Deus. Geralmente, o que desencadeia este estado interior de rebeldia costuma ser algum fato que temos de suportar e que, no entanto, não entendemos; algo que nos parece uma imposição arbitrária, ou uma injustiça para a qual não podemos encontrar explicação satisfatória. Por que permite Deus isto ou aquilo? Por que tem de ser assim, e não de outra maneira? Por quê? Por quê? Assim, às vezes, há atitudes de irritação ou oposição, ou quase de desafio; pelo sofrimento dos inocentes, pela dor, pela fome, por tantas outras coisas… Refiro-me aos que, como Péguy, fazem jogo limpo, não aos que chegam a acusar Deus para se desculparem a si mesmos, ou aos que se revoltam contra Deus por puro ressentimento, porque não fez as coisas, o mundo, como eles teriam querido que fosse, como a eles lhes parece que estaria bem.

Creio que em tais ocasiões tende-se a esquecer de que o entendimento é limitado e que nem sequer se sabe quanto se pode saber para, sem sair da sua limitação, vislumbrar, ao menos, uma certa possibilidade de solução satisfatória. Por outro lado, nunca deveríamos, estritamente falando, condenar o que não entendemos, ou qualificar de injustiça o que não se quadra com o nosso pessoal sentido da justiça.

Pois bem, mesmo nestes casos em que uma pessoa percebe — porque ainda não se converteu numa coisa ou num fanático — um endurecimento interior que o faz opor-se a Deus, revoltando-se contra a sua vontade (positiva ou permissiva), ainda há esperança, ainda há um recurso. A Virgem Maria é sempre a solução, inclusive quando tudo, até a esperança, parece ter-se perdido.

Tem-se dito de Nossa Senhora que é "a ternura de Deus para com os homens". Talvez não seja uma definição muito teológica, mas a mim parece-me tão expressiva como exata, e vereis por quê.

Há em todos nós uma propensão quase inevitável para ver a Deus através de nós próprios. Ele fez-nos à sua imagem e semelhança, mas nós tendemos a fazer um Deus à nossa imagem e semelhança. Se reparais, observareis que costumamos fazê-lo reagir como nós faríamos se estivéssemos no seu lugar. E, como somos pecadores, cada vez que nos afastamos dele e o deixamos pelo pecado, custa-nos crer que o Senhor nos continue a amar infinitamente e está a esperar o mais leve movimento de voltar para nos estender os braços e perdoar-nos como se nunca nos tivéssemos separado dele. Antes sucede o contrário: vemo-lo irritado, farto já de tanta traição e de tanto desprezo, com cara de poucos amigos, numa disposição pouco amigável. Essa é precisamente a atitude que em seu lugar, tomaríamos nós. E isto, sem dúvida, influi em nós à hora de nos voltarmos para Ele e retificar a nossa conduta. Talvez por isso dizia São Bernardo que "necessitamos de um mediador junto deste Mediador, e ninguém pode desempenhar melhor este ofício que Maria". Sabeis por quê? Porque — e isto é também de São Bernardo — "não há nada nela de austero, nada de terrível. Tudo é suave". É justamente o que precisa de encontrar um homem ferido, cansado e maltratado; um homem que quase não se aguenta a si mesmo.

Há outra razão. Se tentais pensar apenas um momento nos pecados graves que diariamente se cometem no mundo, a quantidade tremenda de vezes que se crucifica de novo, dia após dia, o Senhor, ficaríeis surpreendidos pela paciência de Deus. Chama a atenção (pelo menos a mim) a vontade salvífica de Deus, o interesse em salvar os homens, as desculpas (bem sei que isto não é próprio, mas não encontro maneira melhor de o exprimir) que procura para adiar a hecatombe que a persistência dos nossos pecados está a clamar. Mas é muito duro para o orgulho do homem dobrar a cerviz. Contudo, é menos humilhante baixar a cabeça diante de Nossa Senhora que diante de Deus Todo-Poderoso. Parece um contrassenso, e o é, porque o amor de Deus aos homens não tem limites, e o da Virgem, sim. Ora bem: Deus conhece-nos tão bem, sabe tão perfeitamente até que ponto a nossa natureza está ferida pelo pecado de origem que — se assim posso dizê-lo, ainda que esteja mal — dá-nos uma saída airosa pondo-nos diante da Virgem. Nenhum homem se sente rebaixado recorrendo a sua mãe, porque no fundo, ainda que seja muito no fundo, diante dela sempre conserva algo de criança, e numa criança pode haver teimosia, mas não orgulho. E Ela é nossa Mãe porque no-la deu o seu Filho quando estava cravado na cruz: "Eis aí a tua mãe", disse; e esclarece Santo Agostinho: "Ela é a Mãe dos membros de Cristo, por ter cooperado com o seu amor ao nascimento, na Igreja, dos fiéis, que são os membros desta Cabeça". Não uma desconhecida, nem um parente incômodo, nem uma mulher que se encontra por casualidade, mas a Mãe. Tudo o que temos de fazer, como São João, é recebê-la como nossa, reconhecê-la como tal com todas as consequências que este reconhecimento implica.

Provavelmente a primeira destas consequências é o trato. Quero dizer que se não se pode considerar uma pessoa como se fosse um objeto inanimado e inerte, também ninguém pode considerar a Virgem como Mãe e, ao mesmo tempo, adaptar com ela a atitude que se tem com um móvel. O trato com Ela é a primeira manifestação do reconhecimento.

Suponho que para a imensa maioria dos jovens este requisito se cumpre com alguma *Ave Maria* à hora de deitar e, talvez, uma invocação pedindo ajuda em caso de dificuldade. Pessoalmente, parece-me que isso é tratá-la como se fosse um criado a quem se dão as boas noites por cortesia e se chama durante o dia sempre que se necessitam os seus serviços. Claro que é melhor isto que nada.

Por outro lado, é bastante evidente que toda a gente tem uma montanha de trabalho para despachar diariamente, e é difícil encontrar tempo e recolhimento suficiente da manhã à noite para conversar com Ela, para a tratar. Porventura pode alguém falar com Ela com a espontaneidade, a naturalidade e a atenção que dão no trato com os amigos ou, na própria casa, com os pais?

A mim parece-me que não, a não ser em breves e dispersos momentos, e estando já muito treinados. Até me ocorreu pensar que a Igreja também não acredita que seja coisa fácil para a generalidade, a julgar pelo empenho que põe há séculos por inculcar-nos a devoção ao Terço. A minha impressão é que o trato com Nossa Senhora, o trato diário, cordial e afetuoso e contínuo dentro das possibilidades da agitada vida de hoje é o Terço, e além disso o que a Ela mais agrada.

O mais importante para que haja trato entre duas pessoas é ter algo que dizer, de modo que uma conversa não possa converter-se num suplício quando uma delas não sabe, ou não tem, que expressar, nem à outra interessa o que possa dizer-lhe. Bom, pois com Nossa Senhora isso jamais acontece. Sempre sabemos o que temos de dizer-lhe: saudá-la como fez o Anjo quando lhe anunciou o mistério da Encarnação; enchê-la de alegria com o louvor que o Espírito Santo lhe dirigiu por meio de Santa Isabel ao chamar-lhe "bendita entre as mulheres"; recordar-lhe o seu Filho, causa da sua felicidade. E depois, humildemente, reconhecer o nosso desamparo com a súplica "roga por nós, pecadores". Não só por mim, mas por nós, por todos os seus filhos. Uma súplica, mais que comunitária, familiar.

E tudo isto, repetido cinquenta vezes; a Ela interessa-lhe, porque, como é Mãe, qualquer coisa que lhe diga um filho tem interesse, ainda que seja sempre o mesmo, ainda que seja uma tontice; e não o sendo, imaginai. E a nós nos é útil. Um par de vezes por

XII. ROGA POR NÓS

semana, ao percorrer o ciclo dos mistérios do Rosário, recordamos que Jesus nasceu, sofreu e morreu por nós, e está no céu, e nos enviou o Espírito Santo, e estes mistérios trazem-nos à memória o que disse aos seus discípulos quando ainda vivia na terra: "Tomar-vos-ei comigo, para que onde eu estou, estejais vós também" (Jo 14, 3). E depois a Ladainha: outra vez, depois de a chamar por cada um dos seus maravilhosos nomes, pedir-lhe que rogue por nós. Quem tiver lido o *Santo Rosário*, de São Josemaria Escrivá, entenderá muito bem o que acabo de dizer.

É o meio mais fácil, e o melhor, para manter a intimidade com a Virgem Maria; o mais fácil porque está ao alcance de todos, até das crianças. Não é necessário ser muito inteligente, nem muito santo, nem possuir uma grande capacidade de abstração. Também não se exige muito tempo. Rezar um mistério leva dois minutos e um quarto; considerando que não é indispensável rezá-lo de uma vez, como dantes se fazia depois do jantar em família, pois se podem ir rezando as dezenas em diferentes momentos, compreendereis que basta aproveitar parcialmente as viagens de carro — por exemplo — para chegar a meio da tarde e tê-lo rezado. E tereis recordado a Senhora com afeto em diversos momentos do dia. Não digais que vos distraís; com esse critério teríeis de renunciar a estudar, porque também vos distraís, e naturalmente a assistir às aulas.

Disse-vos que tinha a impressão de que, de todos os meios ao nosso alcance para manter uma intimidade diária com a Virgem, o Terço era o melhor por ser o que Ela preferia. Felizmente não vou ter de me esforçar muito para vos mostrar até que ponto é assim.

Em 1917 teve lugar um fato prodigioso em Fátima. A Virgem apareceu a três crianças de uma aldeia; e eram suficientemente crianças e suficientemente simples para descartar, de entrada, qualquer invenção, embuste ou brincadeira de mau gosto. O fato sucedeu ao longo de alguns meses, pública e notoriamente; teve lugar numa época em que o criticismo racionalista e os preconceitos contra toda a manifestação sobrenatural eram tão grandes que uma fraude era, praticamente, impossível; e sucedeu num ambiente tão anticlerical que as zombarias, as sátiras e as dificuldades foram o clima em que se desenrolou este sucesso. Com todas estas depurações e o testemunho de milhares de pessoas e de numerosos jornais, é um fato, sob o ponto de vista histórico, muito bem averiguado.

Devo esclarecer-vos de que não é de fé. A Revelação de Deus aos homens — a revelação oficial, quero dizer, aquela cuja conservação e transmissão encomendou à Igreja — ficou encerrada com a morte do último apóstolo testemunha da ressurreição, e só as verdades contidas nesta revelação nos são propostas pela Igreja como de fé, com a obrigação de nelas acreditar firmemente. O que a Virgem comunicou às crianças de Fátima, como setenta anos antes a Bernardette, em Lourdes, cai dentro do que se conhece como "revelação privada". Não é, pois, algo que Deus revelasse oficialmente ao mundo como necessário para a salvação, pois isto, como acabo de dizer, ficou dito para sempre ao morrer o último apóstolo. Trata-se antes de um conselho ou advertência de tipo privado, não oficial, uma ajuda suplementar à

XII. ROGA POR NÓS

nossa inata fraqueza. E é a Igreja que deve dizer, em cada caso, se esta ou aquela aparição ou revelação privada é legítima, isto é, se tem o selo das coisas divinas. Se se pronuncia afirmativamente — como no caso de Fátima e de Lourdes — quer dizer que qualquer católico o pode crer sem perigo algum (antes com proveito) para a sua fé; mas a Igreja não obriga a acreditar.

Pois bem, sucede que quando as crianças de Fátima perguntaram à Senhora quem era, respondeu com estas palavras: "A Senhora do Rosário" (A Bernardette respondeu: "Sou a Imaculada Conceição"). Definir-se a si mesma como Nossa Senhora do Rosário é, para utilizar uma palavra muito do gosto de agora, comprometer-se muito. E trazia consigo um Terço, e encareceu repetidas vezes às crianças a rezá-lo e a fazê-lo rezar. E em Lourdes, quase o rezou ela própria. Digo quase porque trazia também o Terço e, segundo li algures, passava as contas, e embora os seus lábios permanecessem mudos enquanto Bernardette dizia as Ave Marias, moviam-se respondendo ao glória final de cada mistério. Creio que este é um bom argumento sobre as suas preferências.

Não sei se vós tereis lido um drama de Lope de Vega que tem por título *A devoção do rosário*. É muito belo, o que diz exaltando esta expressão de amor filial que é o Terço,

```
este que cada dia
rezo à Virgem, e vós todos
que o rezeis quereria;
pois por divinos, celestiais modos
vos dará liberdade com esperança,
que de seu Filho quanto quer alcança.
```

Diz assim: nos dará liberdade com esperança. Não uma liberdade como a que preconiza — por exemplo — certa escola existencialista, uma liberdade sem finalidade nem conteúdo, cuja única saída é o suicídio, uma liberdade sem esperança. Também não uma esperança sem liberdade — como a pregam os marxistas —, quando se converte na única saída da escravidão num horizonte opressivo e absolutamente fechado, quando não há nada, nada que se possa escolher, porque toda a escolha está vedada, porque não há escolha possível. Uma liberdade com esperança: essa é a liberdade que Cristo nos ganhou e sua Mãe nos alcança.

Ternura de Deus com os homens: isso é a Virgem Maria. Assim pôde dizer São Bernardo: "Não te desencaminharás se a seguires, não desesperarás se lhe rogares, não te perderás se nela pensares. Se ela te estender a mão, não cairás; se te proteger, nada terás a temer; não te fatigarás se for o teu guia; chegarás felizmente a bom porto se ela te amparar".

Parece-vos o Terço um preço demasiado elevado para conseguir tudo isto?

Direção geral
Renata Ferlin Sugai

Direção de aquisição
Hugo Langone

Direção editorial
Felipe Denardi

Produção editorial
Juliana Amato
Gabriela Haeitmann
Karine Santos
Ronaldo Vasconcelos
Roberto Martins

Capa
Gabriela Haeitmann

Diagramação
Sérgio Ramalho

ESTE LIVRO ACABOU DE SE IMPRIMIR
A 15 DE AGOSTO DE 2024,
EM PAPEL IVORY SLIM 65 g/m².